LICHTSCHLAG 66

Papier aus verantwortungsvollen Quellen
Paper from responsible sources
FSC® C105338

LICHTSCHLAG 66

Umschlag: Lichtschlag Medien Düsseldorf
Printed in Germany.

ISBN: 978-3-948971-19-9

Freibier

41 libertäre Hymnen an das schönste Getränk der Welt

Helge Pahl

Für Gunnar und Enno. Danke für alles.
Der Kampf um die besseren Ideen geht weiter.

Inhaltsverzeichnis

Eigentümlich bierselig – Geleitwort
von Klaus-Peter Krause 7

Vorwort des Autors 14

Gerstensaft und Leidenschaft 20
India Pale Ale – Kolonialismus im Glas? 23
Oktoberfest – keine Miesen auf der Wiesn 27
Bier-Adventskalender 31
Im Winter ruft der Bock! 35
Steueroptimierter Alkoholgenuss 39
Westvleteren 12 – das beste Bier der Welt 45
Beer prepared! 50
Liegt die Freiheit im Bier? 56
Zaubertrank Zoiglbier 62
Was unter Blumen die Rose, unter Bieren die Gose 67
In Delirium Tremens 71
Eine geschichtsträchtige Alkoholbombe 77
All beers matter! 82
Die Wiener Schule des Bierbrauens 87
Freibier gibt es morgen! 93
Altbier – rheinaufwärts zu Haus 98
Das Braggot – Kraftstoff des Freiheitsdrangs? 103
Frei von Alkohol 107
Session IPA – die süffig-hopfige Leichtigkeit 111
Im Märzen der Brauer die Fässchen befüllt! 115
Auf den Spuren von Arthur Guinness 119

Schwergewichte aus dem Holzfass 124
Lück muss der Mensch haben 130
Schwyzer Melange: Bierfondue 136
Trink, was du bist – Anarkist! 141
Russian Imperial Stout 146
Budweiser gegen Budweiser 152
Mehr Bier-Sanktionen wagen 157
Pauwel Kwak – starkes Fahrbier mit Tradition 162
Herb, blond und schlank – norddeutsches Pils 167
Die oder wir? 172
Heiltrank Bier und die Krise der Brauwirtschaft 177
„When in Cologne, drink as the Colognians do!“ 181
Bier als Quelle der Zivilisation?! 186
Der gute Ruf der Radeberger Brauerei 191
Hopfen – Opium fürs Volk? 196
Malz als gespeicherte Sonnenenergie 201
Wasser als Hauptzutat 206
Een Brand för twee för foftein Penn 211
Die Hefe 217

Danksagung 221

Literaturverzeichnis 222

Über den Autor 224

Eigentümlich bierselig – Geleitwort von Klaus-Peter Krause

Das schönste Getränk der Welt? Bier? Helge Pahl sieht das so. Darf der das? Der darf das. Dass der das darf, versteht sich von selbst. Denn er ist Brauer geworden, braut diesen Trank in eigener Brauerei. Gegründet mit Gleichgesinnten hat er sie 2016 im schleswig-holsteinischen 2000-Seelen-Dorf Wacken. Den Namen hat man doch irgendwie schon mal gehört. Ist das nicht das Dorf mit dem …? Ja, das ist es: mit dem Open-Air-Festival, das gelegentlich im Schlamm versinkt, wenn es tüchtig geregnet hat, und das trotzdem 85.000 Heavy-Metal-Fans unwiderstehlich anzieht.

Ohnehin hat Brauer Pahl mit seiner Wahrnehmung vom „schönsten Getränk“ unglaubliches Glück: Er steht nicht allein; Viele, viele erwachsene Zweibeiner sehen es nicht anders. Wohl gilt Irren als menschlich, aber sämtliche Biertrinker dieser großen weiten Welt können sich nicht irren. Bier ist auch weit mehr als bloß ein Getränk. Wohl ist es auch Labsal für Durst, Labsal in Geselligkeit, Labsal für die geplagte oder ungeplagte Seele. Aber dies alles lässt sich auch vom Wein sagen. Bier dagegen bietet zusätzlich etwas ganz Besonderes: Wer es zu sich nimmt, versorgt sich mit einem Grundnahrungsmittel, einem Nahrungsmittel für die Alltäglichkeit. Und das auch noch überaus bequem: Messer, Gabel, Löffel sind für die Nahrungsaufnahme entbehrlich. Sein flüssiger Aggregatzustand macht’s möglich.

Schon das Wasser als sein Hauptbestandteil ist ein lebenswichtiger Stoff. Ohne Wasser ist alles nichts, kein Leben, einfach nichts. Dann die ihm im Braukessel hinzugefügte gemälzte und geschrotete Gerste – sie liefert, nunmehr als Malz, den wesentlichen Nährstoff: Zucker. Nachdem die Maische von ihren festen Bestandteilen getrennt („geläutert“) ist, folgt die Hopfengabe, die dem Sud, je nach Menge und Hopfenart, die gewünschte edle Bitterkeit und mit späteren Zutaten die Aromen gibt. Zum Schluss, wenn der Sud den Braukessel verlassen hat, bringt Hefe die süßliche Bierwürze im Gärtank auf Trab, nämlich zum Gären, sodass Alkohol und Kohlensäure den erfrischenden Feinschliff geben. Im Prinzip also ziemlich einfach, das Bierbrauen, aber mit den möglichen Variationen bei der Rohstoffauswahl und der Verarbeitungsvielfalt eine hohe Kunst, die Braukunst eben.

Alle vier Rohstoffe, die durch diese Kunst im Bier zusammengefunden haben, werden von Pahl überaus kundig und lehrreich beschrieben. So erfährt der Leser, warum Wasser nicht gleich Wasser ist, Malz nicht gleich Malz, Hopfen nicht gleich Hopfen und Hefe nicht gleich Hefe. Alle haben in sich eine Fülle von Besonderheiten, die sich später dem Biergenießer geschmacklich und optisch mitteilen. Malz, so liest er, ist der „Körper“ des Bieres und Hopfen seine „Seele“. Er lernt, wie das Mälzen geschieht, wie Art und Menge des verwendeten Malzes über die Gehaltfülle und Farbe des Bieres bestimmen, warum das Wasser weich sein muss. Er bekommt vermittelt, dass es Bitter- und Aromahopfen gibt, wo Hopfen vor allem angebaut wird, wie die Brauer versuchen, die Aromen des Hopfens beim Kochen der Bierwürze nicht alle entweichen zu lassen, sie die Hopfengaben dem Sud daher erst später hinzufügen oder auch „kalt“ hopfen, um die Aromen dort zu binden, wohin sie gehören: ins Bier. Wissenswert zudem, dass Hopfen antiseptisch wirkt und somit das Bier stabilisieren hilft – in früheren Zeiten eine besonders geschätzte Eigenschaft.

Wie die Brauer Wasser zum schmackhaften, bekömmlichen Gebräu zu veredeln verstehen, ihm den Wohlgeschmack beibringen und abringen, das führt Pahl in diesem Buch mit einer Mannigfaltigkeit des Gerstensaftes vor, von der normale Bierkonsumierer allenfalls ein bisschen Ahnung haben, sich nun aber vom Autor bereichern lassen können. Dieser erklärt ihnen, was Craftbeer, wie beispielsweise India Pale Ales (IPA) oder Imperial Russian Stouts sind.. Das belgische Fahrbier Pauwel Kwak kommt vor, das Ale, das Porter, das Stout, das Budweiser (das tschechische wie das amerikanische), natürlich dat Kölsch, das Radeberger, das Bockbier, das Oktoberfestbier, das norddeutsche Pils, das rheinländische Alt, das Bier als Heiltrank und anderes mehr.

Bereichert wird des Lesers Wissen um die Zubereitung eines Käse-Bier-Fondues, in das man appetitliche Brotstücke tunkt. Und wer „das beste Bier der Welt“ nicht kennen sollte, sich dessen aber nicht zu schämen braucht, erfährt dies im Buch ebenfalls. Doch sei es hier schon mal verraten. Es ist das „Westvleteren 12“. Weiteres darüber müssen Sie sich dann aber durch Lesen etliche Seiten weiter selbst erschließen.

Auch über alkoholfreies Bier, die „Spaßbremse“, findet sich etwas. Pahl zitiert dazu den Kabarettisten Volker Pispers: „Was erwarten Sie denn noch? Ein Volk, das sich alkoholfreies Bier aufschwatzen lässt, das greift auch zu einer kompetenzfreien Regierung.“ Für Pahl ist alkoholfreies „entseelter Gerstensaft“, der jeden ehrbaren Brauer und viele „ehrliche“ Biertrinker erschaudern lasse. Man könne die Unfertigkeit, die Inkompetenz dieser „Biere“ förmlich riechen. Ja, Bier ohne Alkohol ist wie Urlaub ohne Sonne.

Das Buch durchstreift auch Bierlandschaften, die deutsche natürlich, die amerikanische, die britische, die belgische. Die großen und daher trägen, schwerfälligen Bierkonzerne haben durch zahlreiche Neugründungen vorwiegend kleinerer Braustätten erfrischende Konkurrenz bekommen. Biervielfalt und Sorten haben sich durch viel Innovation und Kreativität gewaltig ausgeweitet. Im Craftbeer-Boom sieht Pahl dafür ein Paradebeispiel. Freiheit zu und durch Wettbewerb bewirkt Erstaunliches immer wieder, und die Menschen profitieren davon.

Das Buch durchzieht der Geist erzliberaler, freiheitlicher Gesinnung. Daher ist es auch kein Wunder, wenn sich Pahl immer wieder zu kleinen Abschweifungen mit Anzüglichkeiten gegen inkompetente staatliche Anmaßungen und zu politischen Sticheleien herausgefordert sieht. So zum Beispiel, wenn er über die angstberuhigende und schlaffördernde Wirkung des Hopfens als Heilpflanze als Erklärung dafür findet, warum der bierselige deutsche Michel lammfromm die schleichenden Enteignungen durch seine politischen Akteure hinnimmt und deutlich niedrigere Altersrenten als beispielsweise Franzosen und Italiener erduldet, weil die mehr dem Wein als dem Bier zusprechen. Angenommen der kausale Zusammenhang zwischen Bier und Schläfrig-Machen bestünde wirklich: So unrealistisch es zwar wäre, dem Michel das einschläfernde Bier entziehen zu können, so gewiss dürfte aber – falls doch – des des Michels revolutionäre Auflehnung wohl leider ausbleiben. Mit Bierentzug also wäre den beklagenswerten deutschen Zuständen folglich nicht beizukommen.

Wo politische Machtbesessenheit, totalitäre Machtausübung und Unfähigkeit der Politikergarde zum Vorschein kommen, versteht es Pahl, unter seine Bierbegeisterung die notwendige Kritik einzustreuen, sei es kühl, ironisch oder süffisant. Ein Beispiel dafür sind die Corona-Maßnahmen oder seine Anmerkungen über die Transformation Deutschlands in die „Bundesrepublik Infantilistan“. Diesen freiheitlichen Geist vermittelt Pahl bei den Plaudereien und beim Kenntnisverbreiten über Bier gleichsam nebenbei.

Pahl gehört nämlich zu jener Kategorie Mensch, die sich zu den „eigentümlich Freien“ zählt, wenn sie verbandelt ist mit dem liberal-libertären Monatsmagazin *eigentümlich frei*. Dort ist in vielen kundigen Bier-Kolumnen entstanden, was hier jetzt als Buch vorliegt. Dabei bricht Pahl für die Freiheit immer wieder Lanzen. Wie um das zu unterstreichen, steht über den Kolumnen wiederkehrend nicht nur „Bier“, sondern „Freibier“, denn spendiertes Bier mundet dem mit ihm Beglücktem nun einmal besonders gut und darf als Aufforderung verstanden werden, die Freiheit des Spendierens häufig genug auch auszuleben und zu genießen. Folgerichtig hat Freibier im Buch eigens ein Kapitel für sich.

Die Freiheit ist für Pahl, verbunden mit dem Bier, sozusagen Programm. In seiner Auftakt-Kolumne heißt es denn auch: „An dieser Stelle möchte ich zukünftig etwas Licht auf das schönste Getränk der Welt im Zusammenspiel mit Freiheit und Unfreiheit werfen. Die unterschiedlichen Auswirkungen der Staatsmacht wie das Reinheitsgebot, die Prohibition und Besteuerung des Produkts Bier werden dabei zum Beispiel Themenfelder sein. Natürlich gilt es auch, anzuschauen, inwieweit da, wo sich der Staat zurückzieht, Biervielfalt, Kreativität und Unternehmertum aufblühen.“ Zuweilen teilt sich Pahls Drang, die Segnungen der Freiheit hervorzukehren, nur in ein, zwei Sätzen mit, zum Beispiel so: „Millionen von Heimbrauern und tausende Brauereien auf der ganzen Welt produzieren eine unglaubliche Vielfalt. Auch hier gilt: Wo die Märkte weitestgehend frei sind, steigen das Angebot und die Qualität.“ Subkutan also teilt sich dem Leser mit: Freier Wettbewerb macht’s.

Pahl ist ein Schwarmgeist. Dass er für Bier schwärmt, versteht sich. Mit Bier ist er – so die Überschrift im Fragebogen am Schluss des Buches – „beschwingt begeisterungsfähig“. Er schwärmt aber vor allem für Freiheit und setzt, wie er im Fragebogen bekennt, auf „die grenzenlose Schaffenskraft des Menschen in freien Gesellschaften mit freien Märkten“. Und wie nebenbei bekommt er es hin, in seinen Aufklärungen über Bier ökonomische Erkenntnisse liberaler Ökonomen in Kurzform zu vermitteln, die eine und andere Lehrweisheit unterzubringen, darunter beispielsweise die Theorie von den komparativen Kosten des britischen Ökonomen David Ricardo, oder die Wiener Schule des Bierbrauens (das Wiener Lagerbier) mit der Wiener Schule der Nationalökonomie, den „Austrians, zu verbinden.

Beim Lesen drängt sich als Eindruck von der Person des Autors zusätzlich ein „eigentümlich bierselig“ auf. Denn das Schwelgen über Bier und in Bier, also Bierseligkeit, durchströmt das ganze Buch. Und es kann durchaus sein, dass sich der Leser willig mitdurchströmen und mitziehen lässt und dabei erkennt: Es ist schon erstaunlich, was man aus Wasser alles machen kann. Und aus Gerste natürlich. Und Hopfen. Und Hefe. Und wie es geschieht. Und wo. Dies alles, verpackt in einfallsreiche, heitere Plaudereien und amüsante Formulierungen, machen die nun folgenden Seiten das Buch zur informativen und zugleich unterhaltsamen Lektüre.

Appetit bekommen? Dann legen Sie los mit dem Blättern und Lesen!

Klaus Peter Krause
im Herbst 2023

Vorwort des Autors

Solange ich trinken kann, hat mir das Wort „Freibier“ unbewusst ein Lächeln ins Gesicht gezaubert. In meinen Lehr- und Wanderjahren waren die Pfennige in meinen Taschen rar gesehene Gäste. Ich zählte sie beim Einkaufen im ALDI penibelst mit, versuchte ihren Wert mit den wenigen Waren in meinem Einkaufwagen und mit meinen in der Zukunft liegenden Bedürfnissen abzuwägen. Obwohl Anfang der 1990er die apokalyptische Klimaerwärmung noch nicht so stark grassierte, war mein Durst nahezu grenzenlos. Es waren diese frühen Jahre des Mangels und die seltenen und kurzen, unbezahlbaren Momente des Glücks, wenn Privatpersonen oder Unternehmen freiwillig und freigiebig kostenlos Bier ausschenkten, in denen sich das Wort „Freibier“ für immer tief und positiv in mein Rückenmark eingebrannt hat.

Während in verhältnismäßig freieren Zeiten das Wort „Freiheit“ wie selbstverständlich keine große Rolle spielt – und wenn doch, es dann semantisch den Sinn von Entscheidungsfreiheit und einhergehender Eigenverantwortung des Individuums einnimmt – wird die Silbe, das Sem, der Begriff „frei“ in autoritäreren Zeiten der Unfreiheit dazu missbraucht, diese zu kaschieren. Eine der absurdesten Neusprechkreationen der bedeutungsraubenden Freiheitsfeinde ist das Wort „Steuerfreibetrag“. Gemeint ist damit „Sklavenfreizeit“, denn nur einem unfreien Menschen kann man zwangsweise Geld abpressen. Ein freier

Mensch gehört sich selbst und das impliziert, dass auch die Erträge seiner Arbeit nur ihm selbst und keinem Dritten gehören. Er kann sie freiwillig mit anderen teilen, indem er beispielsweise Freibier ausschenkt,, werden sie ihm aber unter Androhung von Gewalt genommen und wird er somit um seine Lebenszeit beraubt, ist er nicht frei, auch wenn die hehrsten Ziele mit der Raubbeute versprochen werden. In unfreien Systemen wird das Wort „frei" entweder euphemistisch für eine Unfreiheit (zum Beispiel „Freie Deutsche Jugend" in der DDR) verwendet oder es markiert ein scheinbares Geschenk. Wie einst wundersam das Manna vom Himmel fiel, beglücken dann Politiker jedweder Couleur auf Geheiß ihrer Freier vermeintlich freigiebig das Volk mit sogenannten Freiheiten, Freibeträgen und errichten Freigrenzen, die nichts anderes manifestieren als ein gesetzliches Zugriffsrecht auf das Eigentum anderer. Das siebte Gebot gilt nicht für die Akteure des Staates.

Schlimmer noch – der Staat versklavt den freiheitsliebenden Unternehmer zum Steuereintreiber, zum Zöllner. Bei Androhung von Freiheitsstrafe muss er die Mehrwertsteuer von seinen Kunden abkassieren, er muss Lohnsteuer und sogenannte Sozialabgaben eintreiben und an die nimmersatten Tunichtgute abführen, die damit sich und alle vier Jahre ihren Stimmenfang zum Machterhalt finanzieren.

Naturgegebene Rechte des Menschen werden zu Privilegien erklärt. Zum Angeln, Jagen, Bauen braucht es auf einmal Genehmigungen. Tierhaltung muss registriert, katalogisiert und besteuert sein. Der gefügige Kritiklose merkt davon nichts, er fühlt sich weiterhin frei. Die selbsternannten Verwalter der Freiheit lassen sich indes von ihren Untertanen Freiflüge zum Klimagipfel bezahlen, um zu beratschlagen, wie sie sie noch besser gängeln und auspressen können. Sie sammeln Freimeilen, verschieben Freigrenzen und vermögen sogar, den wilden, bösen, ungezügelten Freihandel mittels tausender Seiten Gesetzestext zu domestizieren und somit unschädlich zu machen. Und zuweilen fließt dabei auch hektoliterweise vom Steuersklaven bezahltes Freibier, womit wir endlich beim Thema sind.

Spätestens seit Milton Friedman wissen wir: There ain´t no such thing as a free lunch – Es gibt kein kostenloses Mittagessen. Und mit dieser harten Erkenntnis zerplatzt für viele Irrgeleitete das gesamte Narrativ vom Freibier (mitsamt seiner Schaumkrone), auf das sie meinten, einen Anspruch zu haben, weil es schließlich ein Menschenrecht sei. Aber nur ein Sklavenhalter glaubt, dass er ein Anrecht auf die Produkte anderer Leute habe.

Für mich indes steht Freibier für den freiwilligen, freimütigen und freigiebigen Austausch zwischen den Menschen. Freibier kann nur Freibier sein, wenn sein rechtmäßiger Eigentümer es freiwillig und ohne Zwang ausschenkt.

Heute wie immer schon ist Bier das Ergebnis von harter, sehr unterschiedlicher und langwieriger Arbeit. Stetig jedoch, dank Schaffung von größeren Produktionsmitteln durch Sparen, ließ sich ihr Aufwand reduzieren, wodurch das Bier immer billiger wurde. Durch internationale Arbeitsteilung über viele Ländergrenzen, durch fortwährenden technischen Fortschritt und Wissensakkumulation über Jahrtausende hinweg konnte die Produktivität erheblich gesteigert werden. Aus diesem Grunde kooperiert der moderne Brauer nicht nur mit dem zeitgenössischen Sudhausbauer und Brautechnologen, mit dem Getreide- und Hopfenbauer und ihren Düngemittel- und Traktorherstellern, mit dem Mälzer und Hefestammzüchter, dem Etikettendrucker, Kronenkorkenbieger und seinem Stahlverhütter, sondern stets auch mit seinen und ihren längst verblichenen Vorgängern aus Altertum, Mittelalter und früher Neuzeit. So technisiert die heutige Bierherstellung ist, sie ist auch und immer eine anthroposophische Reise über Zeiten, Kontinente und fast alle Gewerke hinweg. Und sie ist das akkumulierte Resultat milliardenfachen friedlichen und freiwilligen Austausches. Der ungeheure Erfolg dieser Kooperation spiegelt sich im Ergebnis wider: Die Menschheit produziert heute mühelos und zu geringsten Kosten 1,9 Milliarden Hektoliter Bier pro Jahr.

Mit dem Start der Kolumnenreihe Freibier in der libertären Monatszeitschrift *eigentümlich frei* im Sommer 2019 begann für mich eine kleine Reise ins Ungewisse. Ich selbst verfolgte keinen konkreten Redaktionsplan, und auch der Verlag ließ mir die Freiheit, mich von aktuellen Ereignissen, persönlichen Vorlieben, eigenen und externen Inspirationen leiten oder besser gesagt treiben zu lassen. Im Nachhinein betrachtet war das Timing perfekt. Als bis dato weitestgehend unbeschriebenes Blatt hatte ich mich ein paar Monate lang warm schreiben können, bis die größte Krise (nicht nur) für die Brauwirtschaft und Gastronomie seit dem Zweiten Weltkrieg, einhergehend mit einem der größten Raubzüge der Geschichte, einsetzte. Diese Jahre waren weiß Gott nicht freiheitlich, sondern sind gezeichnet von blitzartiger Erosion des sogenannten Rechtsstaates, einhergehend mit einer ungeheuerlichen Übergriffigkeit, unverschämten Anmaßungen, Diskriminierungen, Nötigung bis hin zu Berufsverboten und somit Enteignungen. Die Menschenwürde eines jeden Einzelnen ging als Erstes koppheister. Angefacht von einer durch die Hauptstrompresse verbreiteten Staatspropaganda, entstand ein Klima der Bespitzelung und Denunziation, gepaart mit einer Spaltung der Gesellschaft auf breiter Front. Kollegialität, Nachbarschaften, Freundeskreise und Familienbande zerbarsten unter dem staatlich-medialen Druck. Die monatelange Schließung der Restaurants und Kneipen bedeutete nicht nur den Ruin für viele Wirte und ihrer Mitarbeiter, sie verhinderte auch den wichtigen Austausch und Ausgleich bei Bier und Schnaps am Stammtisch. Aus Gründen. Denn hier hätte das massenmedial belogene Volk schnell durch wenige kritische Geister nachdenklich werden können.

Eigentlich war ich angetreten, ausschließlich das Produkt Bier in all seinen Facetten zu feiern, selbst weiter zu ergründen und hier und da Querverweise und Rückschlüsse auf freiheitliche oder ökonomische Thematiken zu ziehen. Politik, vor allem ihre tagesaktuellen geschwürartigen Wucherungen, wollte ich tunlichst links liegen lassen. Der Umstände halber ist mir das nicht immer gelungen, und so sind einige der vorliegenden Kolumnen auch Zeitdokumente für die Ungeheuerlichkeiten des Covid-Maßnahmenregimes.

Überwiegend finden Sie jedoch kurze Lobeslieder auf Facetten des schönsten Getränks der Welt, gepaart mit

Anekdoten, Kuriositäten, Verkostungsnotizen und subjektiven Reisebeschreibungen aus dem grenzenlosen Universum des Gerstensaftes. Die Fachleute, Kollegen und Beergeeks mögen es mir nachsehen, dass ich auf den zwei Seiten nicht immer tief in jedes Thema einsteigen konnte. In wem das Interesse auf mehr Bierwissen geweckt wurde, findet im Anhang ein kleines Literaturverzeichnis zum tieferen Einstieg ins Thema Bier, aber auch in den Libertarismus und der Österreichischen Schule der Nationalökonomie, zu denen ich immer wieder mal eine Brücke schlage. Die Aufsätze sind in chronologischer Reihenfolge angeordnet. Sie, geneigter Leser, sind natürlich frei, sich darüber hinwegzusetzen. Schließlich ist dieses Buch Ihr Freibier. Sofern Sie sich erst einmal etwas Basiswissen beispielsweise über Rohstoffe aneignen wollen, blättern Sie ruhig und lesen quer. Und lesen Sie, so wie der Alltag es zulässt, in Dosen. Oft ist weniger mehr. Denn natürliche Gesetze wie Zeitpräferenz und Grenznutzen gelten sowohl beim Bier- als auch beim Lesekonsum.

Gerne freue ich mich über Rückmeldung, konstruktive Kritik, sachliche Diskussionsanregungen und Vorschläge für neue Themen, sei es per E-Mail (freibier@ef-magazin.de) oder auch persönlich. Denn eines ist sicher: Solange ich noch freien Zugang auf meine Geldbörse habe, lade ich Sie, werter Leser dieses Buches, zu einem Freibier ein. Egal, wo wir uns treffen: Die erste Runde geht auf mich. In der Vorfreude darauf, bei einem gepflegten Frischgezapften mit Ihnen über Bier und Freiheit plaudern zu dürfen, erhebe ich mein Glas!

Wohlsein!

Gerstensaft und Leidenschaft

zuerst erschienen in ef 195 (Aug./Sep. 2019)

Eine Einleitung

Bier, besser gesagt: Biervielfalt, und Freiheit korrelieren eng miteinander. Das Bierbrauen gehörte im Frühmittelalter zu den alltäglichen Tätigkeiten in fast jedem Haushalt. Es gab also viele „Bierbrauer“, zumeist waren es Frauen, die in der Herstellung weitestgehend frei und unabhängig waren. Lediglich die Verfügbarkeit der Zutaten und die Größe der Kochtöpfe setzten den Brauern natürliche Grenzen. Seit dem Hochmittalter wurde die Bierherstellung zunehmend von der Obrigkeit reguliert, ge- und besteuert. Bierbrauen war nun ein herrschaftliches Privileg, das an Klöster oder Zünfte vergeben wurde. Mit Verordnungen wie zum Beispiel dem Reinheitsgebot griff der Staat unmittelbar in das Produkt ein und beschränkte die natürliche Tendenz zur Vielfalt. Während es dem bayrischen Herzog beim Erlass des Reinheitsgebots darum ging, den knappen Weizen (für sich, seine Soldaten und sein eigenes Bier) einzusparen, erscheint sein neuzeitliches bundesdeutsches Äquivalent, das vorläufige Biergesetz von 1993, wie eine Ausgeburt des Korporatismus.

In den 1970er Jahren entstanden in den USA die ersten Mikrobrauereien. Ausgelöst wurde diese Entwicklung zunächst durch eine Liberalisierung der strengen, noch aus Zeiten der Prohibition stammenden Regelungen zum Hausbrauen. Die damalige Eintönigkeit der amerikanischen Bierlandschaft, die den Konzernkonzentrationen geschuldet war, öffnete den Raum für die neuen, kreativen Brauer. In den 1970er Jahren gab es in den USA nur noch 42 Brauereien, die zudem mehrheitlich das geschmacklich gen null tendierende American Lager produzierten. Aus gelangweilten Bierliebhabern formierte sich allmählich eine Gegenbewegung. Die Gemeinde der Hobbybrauer, die inspiriert von europäischen Bierstilen die eigenen Küchen nun zu Kleinstbrauereien umnutzten, wuchs sehr schnell. Aus ihr heraus gründeten sich die ersten Craftbeer-Brauereien. Der Siegeszug des „handgemachten Bieres“ begann.

Mittlerweile gibt es in den USA über 7.000 Brauereien, die meisten sind sehr kleine Brewpubs, aber die größte Craftbeer-Brauerei hat mittlerweile die größte deutsche Privatbrauerei Oettinger überholt. Apropos Deutschland: Hier sieht die Bierlandschaft historisch bedingt ganz anders aus, dennoch hat es auch in Deutschland zunächst einen erheblichen Rückgang und in den letzten Jahren unzählige Neugründungen gegeben. Jede mittelgroße Stadt hat nunmehr wieder eine Braustätte. Die Szene versucht mit viel Innovation und Kreativität, den großen Platzhirschen Marktanteile abzuluchsen. Es hat einen enormen Zuwachs an Biervielfalt und Sorten gegeben, der weitestgehend von den kleinen, neuen Brauereien erzeugt wurde. Der Craftbeer-Boom ist ein Paradebeispiel dafür, dass große Unternehmen naturgemäß träger und lethargischer sind als kleine. Diese Schwerfälligkeit mündet in Eintönigkeit, die den Konsumenten zunehmend übel aufstößt. Die kleinen Brauereien können diese Lücke mit Innovation und

Flexibilität füllen. Weltweit sind Zigtausende neue Unternehmer aus dem Dornröschenschlaf erweckt worden. Gestärkt durch ihre Leidenschaft Bier brachten sie den Mut auf, ihr Leben und ihren Lebensunterhalt frei, selbständig und eigenverantwortlich zu bestreiten.

An dieser Stelle möchte ich zukünftig etwas Licht auf das schönste Getränk der Welt im Zusammenspiel mit Freiheit und Unfreiheit werfen. Die unterschiedlichen Auswirkungen der Staatsmacht wie das Reinheitsgebot, die Prohibition und Besteuerung des Produkts Bier werden dabei zum Beispiel Themenfelder sein. Natürlich gilt es auch, anzuschauen, inwieweit da, wo sich der Staat zurückzieht, Biervielfalt, Kreativität und Unternehmertum aufblühen. Und für die renditeorientierten Bierfreunde wird es einige Ideen geben, wie man seine überschüssige Liquidität in bereichernden Gerstensaft investieren kann. Unter dem Decknamen „qualitative easing“ werde ich zudem einige Trinkempfehlungen aussprechen.

India Pale Ale – Kolonialismus im Glas?

zuerst erschienen in ef 196 (Oktober 2019)

Ein alter Bierstil revolutioniert die Welt

Das India Pale Ale (IPA) ist wohl das typische Craftbier schlechthin. Es ist der beliebteste, meistverkaufte und vermutlich mittlerweile vielfältigste Bierstil der Handwerksbrauer, und fast jeder hat mindestens eines im Sortiment. Aber was genau ist eigentlich ein IPA?

Englisch ausgesprochen, hört sich die Kurzform modern und trendig an, das Bier ist jedoch schon ein alter Hase und hat rund 250 Jahre auf dem Buckel. Der Name ist Programm, das Bier stammt hingegen nicht aus Indien, sondern aus England, wurde jedoch ursprünglich zum Export in die einstige britische Kronkolonie gebraut. Mitte des 18. Jahrhunderts entwickelte man modernere Mälzmethoden. Die Temperatur beim Darren, der Trocknung des angekeimten Getreides, konnte nun besser kontrolliert und reguliert werden. Dadurch wurden die Malze und somit auch die Biere deutlich heller, sie wurden „pale". Die englische Bezeichnung „Ale" verwendet man genaugenommen nur für obergärige Biere. Im Unterschied zu untergärigen Bieren, die als „Lager" bezeichnet werden. „Obergärig" bedeutet, dass das Bier bei einer Temperatur von 16 bis 20 Grad zumeist (aber nicht zwingend) mit typischen obergärigen Hefestämmen vergoren wurde. Im Vergleich zu untergärigen Bieren verläuft die Gärung heftiger und schneller ab, und es entstehen fruchtig-estrige

Aromen. Das typische bananige Aroma des Weißbiers verdankt es solch einem Fruchtester, der während der Gärung entsteht.

Das vorherrschende Bier im England des 18. Jahrhunderts war das Porter, ein dunkles, hopfiges und gehaltvolles Ale, das nicht nur die Hafenarbeiter („Porter") stärkte. Es ist jedoch nicht der Vorläufer des IPAs, vielmehr war dies das October Beer, das sich aufgrund der relativ langen Haltbarkeit besonders gut als Exportbier eignete. Der Seeweg nach Indien war lang und beschwerlich, den Suezkanal gab es ja noch nicht. Das Bier schwappte, in Holzfässern gelagert, den Erdball vier Klimazonen runter und drei wieder nach oben. Das konnte nur ein sehr robustes Bier aushalten. In Zeiten, in denen man nicht hochfiltrieren und pasteurisieren konnte, gab es nur zwei Stellschrauben, mit denen der Brauer lebensverlängernde Maßnahmen für sein Bier ergreifen konnte: Stärke, also höhere Stammwürze und somit höherer Alkohol. Und mehr Hopfen, und somit mehr Bittere. IPAs hatten schon damals Alkoholgehalte von bis zu neun Prozent und waren „englisch" gebittert.

Es geht das Gerücht, dass das Bier nur aus Platzgründen so konzentriert gebraut wurde und das Starkbier nach Ankunft auf dem indischen Subkontinent auf „normale" Trinkstärke verdünnt werden sollte. Den britischen Soldaten und Offizieren, die in Indien ihren Dienst leisteten, soll es im Original jedoch hervorragend geschmeckt haben, so dass man von einer Verdünnung absah. Wer schon einmal in Indien war, wird den Gedanken, man solle ein Lebensmittel mit indischem Wasser verdünnen, ohnehin als völlig abwegig verwerfen.

Inzwischen sind IPAs eine Spielwiese für die kreativen Brauer. Damals wie heute werden IPAs kaltgehopft. Bei diesem Verfahren gibt der Brauer nach der Hauptgärung Aromahopfen in den Tank. Es entsteht hier ein Kaltauszug feiner Hopfenaromen, die bei der Kochung der Würze weitestgehend verlorengehen. Eine Technik, die früher vor allem angewendet wurde, um die Haltbarkeit des Bieres zu erhöhen: Hopfen wirkt antiseptisch und somit bierstabilisierend. Oft waren es erst die Wirte, die den Hopfen durch das Spundloch in das Fass drückten, weswegen man auch von „Hopfenstopfen“ spricht. Diese Methode bringt eine Vielzahl von unerwarteten Aromen und Geschmacksnuancen ins Bier: blumige, zitrusartige, „beerige“, minzige, holzige, würzige, grasige und krautige. Viele, die ihr erstes gutes IPA trinken, haben ein regelrechtes Aha-Erlebnis: „Was macht ihr da ins Bier, Parfum?“, wurde ich schon des Öfteren gefragt. Es sei dem rechtschaffenen Biergenießer versichert, dass die Kalthopfung natürlich dem sogenannten Reinheitsgebot von 1516 entspricht.

Die Welt der IPAs ist mittlerweile so vielfältig, dass der interessierte Leser hiermit aufgefordert sei, durch Eigenstudium tiefer in das weite Meer der Indian Pale Ales einzutauchen: Es warten spannende Weizen-IPAs (zum Beispiel Hopfenweisse von Schneider), Black IPAs (semantisch eigentlich ein Widerspruch, hier paaren sich dunkle Röstnoten mit hopfengestopften Aromen), West Coast IPAs (sind markant fruchtig-bitter), New England IPAs (fruchtig, sehr trüb und etwas schwächer in der Bittere), Double IPAs oder Triple IPAs (der IPA-Bock oder -Doppelbock), Session IPAs (fruchtige, gut trinkbare, leichtere Sommerbiere) sowie unzählige Varianten traditioneller Bierstile, die Eigenschaften des IPAs aufgreifen.

Übrigens: Bereits Heinz Erhardt konnte praxeologisch nachweisen, dass IPAs in Indien nicht verdünnt worden sind: „Nur Wasser trinkt der Vierbeiner, der Mensch, der findet Bier feiner.“

Oktoberfest – keine Miesen auf der Wiesn

zuerst erschienen in ef 197 (November. 2019)

O'zapft wird hier vor allem der Gast

Während ich diese Zeilen schreibe, tobt in München das 186. Oktoberfest. Das größte Bierfest der Welt lockt alljährlich rund sechs Millionen Besucher auf die Theresienwiese. Letztes Jahr generierte es einen Gesamtumsatz von 1,2 Milliarden Euro. Den Umsatz an Bier, knapp 90 Millionen Euro, teilen sich sechs Münchner Brauereien: Augustiner, Hofbräu, Paulaner, Hacker-Pschorr, Spaten und Löwenbräu. Bei genauerem Hinsehen sind es jedoch nur vier, denn die Spaten-Brauerei gehört mittlerweile zusammen mit der Löwenbrauerei zum weltgrößten Braukonzern AB InBev. Hacker-Pschorr ist nur noch eine Marke der Paulaner-Gruppe, die wiederum mit Heineken, der zweitgrößten Braugruppe, verbandelt ist. Zusammengeschlossen haben sich die sechs laut Statuten „bewährten Münchner Traditionsbrauereien“ zum „Verein Münchner Brauereien“. Eigentlich müsste es wohl „Kartell Münchner Brauereien“ heißen, denn nichts anderes ist es. Ausschließlich Brauereien, die darin Mitglied sind, dürfen auf dem Oktoberfest Bier ausschenken. Die negativen Auswirkungen von Kartellen für die Konsumenten sind denn auch auf der Wiesn offenkundig und lehrbuchhaft zu studieren: Die Qualität sinkt, und der Preis steigt.

Wohl jeder Wiesnbesucher hat sich schon drüber geärgert: Die Maß wird nicht voll eingeschenkt. Dass dies keine subjektive Beobachtung ist, sondern ganz offenkundig Methode hat, beweisen die alljährlichen Messungen des Vereins gegen betrügerisches Einschenken. Im Schnitt fehlen laut VGBE circa 0,1 Liter, also zehn Prozent. Seit der Einführung des Euros im Jahr 2002 stieg der Preis für eine Maß Bier von 6,40 auf 11,80 Euro. Das sind in den 17 Jahren gut 84 Prozent Teuerung. Gemäß Verbraucherpreisindex sind die Preise jedoch in dem Zeitraum „nur“ um 27 Prozent angestiegen.

Das Oktoberfest ist also für die sechs Brauereien ein sehr lukratives Geschäft. Damit es so bleibt, sollen natürlich keine weiteren Brauereien rein in den Verein und auf die Wiesn. Nun gibt es aber – das ist auch dem Craftbeer-Trend geschuldet – mittlerweile deutlich mehr Münchner Brauereien als nur die sechs „Münchner Brauereien“.

Bereits seit 1980 kämpft Prinz Luitpold von Bayern, der Urenkel des letzten bayrischen Königs Ludwig III., mit seiner König Ludwig Schlossbrauerei Kaltenberg darum, auf die Wiesn zu kommen. Doch die Stadt und der Verein erfanden immer neue Auflagen und Vorschriften. Es dürfe nur Münchner Bier ausgeschenkt werden, sagte man ihm. Um diese nachträglich in die Statuten aufgenommene Bestimmung zu erfüllen, wollte der Prinz auf der Theresienwiese sogar eigens eine mobile Brauerei errichten. Das Bier des Ururenkels des Oktoberfestbegründers durfte aber nicht auf die Wiesn, denn gemäß der städtischen Betriebsvorschriften für das Oktoberfest dürfe „nur Münchner Bier der leistungsfähigen und bewährten Münchner Traditionsbrauereien ausgeschenkt werden“.

Oktoberfest: Städtisch sanktionierte Abzocke geht nur mit altem Münchner Brunnen!

Indes zieht es auch die 2006 gegründete Giesinger-Brauerei aufs Oktoberfest. Die Craftbier-Brauer aus dem Münchner Stadtteil Giesing erfuhren jedoch auch schon eine erste Absage, da sie angeblich kein „Münchner Bier“ herstellen. Die Bezeichnung „Münchner Bier“ ist vom Verein Münchner Brauereien geschützt und definiert als „mit Münchner Wasser gebraut“. Das verwendete Brauwasser bezieht Giesinger Bräu nicht aus einem Münchner Brunnen, es ist normales Münchner Leitungswasser, und das kommt aus dem Mangfalltal. Das möchte Brauereichef Steffen Marx nun ändern. Eine neue Brauerei mit eigenem Tiefbrunnen soll alsbald gebaut werden, und dann kann die neue, leistungsfähige Brauerei endlich „echtes Münchner Bier“ brauen. Hierfür suchen die Brauer mittels Crowdfunding noch Investoren. Verzinst werden Investitionen zwischen 100 und 25.000 Euro mit sechs Prozent pro Jahr, die als Biergutscheine ausgezahlt werden. Man kann diese in der Brauerei einlösen. Ob die Giesinger-Brauerei jedoch auch in den Verein Münchner Brauereien aufgenommen wird, bleibt zu bezweifeln. Laut Vereinssatzung werden nur Brauereien aufgenommen, die zwischen 1870 und 1970 Bier gebraut haben. Es bleibt spannend.

Die anderen Münchner Craft-Brauereien scheren sich indes nicht sonderlich um das städtisch sanktionierte Brauereikartell. Sie veranstalten nun schon im zweiten Jahr ein eigenes Craftbeer-Oktoberfest eine Woche nach der Wiesn. Dabei sind 16 Handwerksbrauereien aus München und Umgebung, die mit ihrer Biervielfalt die sechs großen Kartellmitglieder locker in den Schatten stellen.

Dem Bierinteressierten, der in München etwas Zeit totzuschlagen hat, sei der Besuch des Bier- und Oktoberfestmuseums anempfohlen. Es befindet sich sehr zentral in einem der ältesten Bürgerhäuser der Stadt in der Sterneckerstraße zwischen Isartor und Marienplatz und gibt einen recht anschaulichen Einblick in die Entwicklung der Bierherstellung und die Geschichte des Oktoberfestes. Im Museumstüberl kann man zudem die original Münchner Biere der Augustinerbrauerei verkosten.

Bier-Adventskalender

zuerst erschienen in ef 198 (Dezember 2019)

Jeden Tag ein Freibier

Schon bald vertagt sich das Jahr, und mit großen Schritten eilt die immer dunklere Zeit heran. Das Weihnachtsfest naht, und für diejenigen, die das Schenken und Beschenktwerden nicht erwarten können, erfand man den Adventskalender, die Frist bis zum Heiligen Abend überbrückend. Entsprungen eigentlich in Kindertagen oder besser für den Kindermagen, hat auch der Getränke(online)-handel diesen Brauch für sich entdeckt und wartet nunmehr mit einer Vielzahl von Bieradventskalendern auf.

Der Marktführer im deutschsprachigen Raum ist die österreichische Firma Kalea. Sie bringt neben einem deutschen, einem österreichischen, einem französischen und einem internationalen Craft-Bierkalender auch einen „normalen“ Bierkalender auf den Markt. Neben 24 Bierspezialitäten beinhalten alle ein Verkostungsglas und eine Genussanleitung. Auf der von Kalea entwickelten Beertastingapp kann man zudem alle Biere beschreiben, bewerten und benoten. Die Akkumulation aller subjektiven Userbewertungen ergibt dann ein Ranking. Die Kalender von Kalea sind also auch weihnachtliche (Craft-) Bierwettbewerbe. Sie kosten zwischen 50 und 60 Euro. Die Kalender sind online bestellbar, finden sich aber auch im gut sortierten Einzelhandel.

Der Onlinehändler Bierselect, ein Projekt des norddeutschen Brauerbundes, bietet ebenfalls seit einigen Jahren zwei verschiedene Adventskalender an. Natürlich wird man auch mit diesen Boxen täglich von einer anderen Bierspezialität von deutschen Handwerksbrauern überrascht. Preislich ranken sie zwischen 50 und 65 Euro.

Gleichfalls wartet der Hamburger Genuss-Onlinehändler Foodist mit einem Craftbier-Adventskalender auf. Auch hierein haben sich auf wundersame Weise 24 Bierflaschen gesellt. Es sind neben deutschen auch internationale Bierspezialitäten aus 22 verschiedenen Bierstilen enthalten. Ein informatives Booklet mit Bierstilerklärungen und bierigen Kochrezepten rundet diesen Kalender ab, der für knapp 60 Euro zu haben ist.

Eine weitere internationale Gerstensaft-Selektion bietet der Adventskalender von Beerwulf. Hier wird jedoch nicht verraten, was sich hinter den Türen verbirgt. Für 50 Euro lauern Flaschen und Dosen aus Kanada, Belgien, Schottland, Österreich und Deutschland.

Neben den Angeboten der genannten Online-Händler gibt es auch einige Brauereien, die ihre Biere zur Adventszeit in Kartonagen zwängen und von eins bis 24 durchnummerieren. Beispielsweise präsentiert die Hamburger Ratsherrn-Brauerei nahezu ihre gesamte Biervielfalt in einem ansprechenden Adventskalender.

Alle oben beschriebenen Kalender kommen in stoßfesten Umkartons. Ein Transport ohne schmerzhafte Bruchverluste ist also weitestgehend sichergestellt, und traurige Tage in Trockenheit werden so vermieden.

Von dem amerikanischen Schriftsteller H.L. Mencken stammt der Ausspruch: „Der Tag hat 24 Stunden, eine Kiste Bier enthält 24 Flaschen. Zufall? Ich glaube nicht!“ Nicht zufällig nannte Murray N. Rothbard Mencken den „fröhlichen Libertären“, und sicherlich ist es auch kein Zufall, dass wir genau 24 Tage bis Weihnachten zählen.

Dieses Naturgesetz kann sich der findige Bierfreund natürlich zu eigen machen. Mit ein paar nummerierten Post-its ist jeder handelsübliche 24er-Bierkasten binnen weniger Minuten in einen individuellen Bier-Adventskalender umgestaltet. Die verbreitete Mode, in Zeiten des Massenkonsums doch lieber etwas Selbstgemachtes zu verschenken, findet hierin ausreichende Würdigung. Auch die Bierauswahl kann individuell auf den Geschmack beziehungsweise die Neugierde des Beschenkten zugeschnitten werden. Für den wenig neugierigen Oettinger-Trinker geht es bereits unter zehn Euro los, versandkostenfrei wohlgemerkt.

Ob man sich nun für einen der vielen fertigen Bierkalender entscheidet oder die Do-it-yourself-Variante bevorzugt, in jedem Fall ist ein Bieradventskalender ein sehr treffliches Werkzeug, in die unendlichen Weiten der Bierwelt tiefer einzutauchen. Viele Mediziner vertreten die Ansicht, dass der Konsum von bis zu einem Liter Bier pro Tag eher gesundheitsfördernd als schädlich ist. Hopfen beruhigt die Nerven. Der stetige Bierkonsum stählt zudem die Leber für die nahenden, alkoholschwangeren Feiertage. Möglicherweise hilft eine gute Vorbereitung, bei weihnachtlichen Diskussionen im Kreis der lieben Verwandtschaft einen kühlen Kopf zu bewahren. Am Heiligen Abend gilt dann vielleicht: Weniger ist mehr.

Wenn man den zitierten Ansatz H.L. Menckens jedoch konsequent denkt, wären 24 Adventskalender anzuschaffen und täglich 24 Türen zu öffnen. Das wären 576 Biere bis Weihnachten. Zugegeben, für einen sportlichen Bierliebhaber ein verlockender Gedanke…

Im Winter ruft der Bock!

zuerst erschienen in ef 199 (Jan./Feb. 2020)

Starke Gründe für das Bockbier

Winterzeit ist Jagdzeit. Doch in der kalten Jahreszeit stellt der Mensch nicht nur tierischen Böcken (m/w/d) nach, auch das Verlangen (umgangssprachlich: „Bock“) nach dem bierigen Bock steigt. Und obwohl es etymologisch keine Verbindung gibt, sind viele Bockbiere hervorragende Begleiter zu Wildgerichten, gehen also mit ihrem animalischen Namensvetter möglicherweise im Wamst eine wohlige Liaison ein.

Das Bockbier verdankt seinen Namen der niedersächsischen Stadt Einbeck. Die Brauer der Hansestadt exportierten ihr Bier bereits im Mittelalter in weite Ferne. Damit das Bier seine Qualität auf diesen beschwerlichen und langen Reisen bewahren konnte, wurde es stark, also mit einer höheren Schüttung (Malzgabe) eingebraut, die wiederum zu einem höheren Alkoholgehalt führte. Zwar wurde im Mittelalter viel mehr Bier getrunken als heute, aber der Alkoholgehalt der meisten Biere war doch mit zwei bis vier Prozent eher kärglich. Das viel stärkere „Ainpöksche Pier“ war daher ein heiß begehrter Luxusartikel. Martin Luther unterstrich dies, als er ausrief: „Der beste Trank, den einer kennt, der wird Einbecker Bier genennt.“ Auch am Hof der Wittelsbacher in München war dieses Bier sehr beliebt. Zunächst importierte man es aus Einbeck, später warb man kurzum von dort einen Braumeister ab

Kraftvoll: Bockbiervariationen

und braute das Bier fortan auch in Bayern. Der Name blieb jedoch.

Bockbiere sind saisonal: Winterbiere, Frühjahrsbiere. Sie sind kräftig, oft süß und süffig, alkoholisch, machen gesellig, fröhlich und behaglich. Ihre Ursprünge sind historisch, traditionell und religiös. Der Genuss ist zuweilen politisch, satirisch oder gar kultisch motiviert. Im ganzen Land wird mit vielen Bockbieranstichen die Starkbierzeit festlich eingeläutet. Bekannt ist der Salvatoranstich am Nockherberg, bei dem sich die bayrische „Politelite" alljährlich als volksnah und humorvoll inszeniert.

Bockbiere sind farbenfroh, von gelb über alle Spielarten des Bernsteins bis ins Braune, Mahagonifarbene oder gar ins Schwarze ist alles vertreten. Sie sind nicht leicht zu fassen, eigentlich klassisch untergärig und malzbetont, gibt es sie aber auch obergärig zum Beispiel als bananigen Weizenbock, rauchig oder als hopfenbitteren Altbierbock („Sticke“). Was all diese Biere eint, ist ihr nährender, wärmender und berauschender Charakter. Die Stammwürze muss 16 Grad Plato oder höher sein, dementsprechend liegen die Alkoholgehalte normalerweise zwischen 6,5 und 10 Volumenprozent.

Eisböcke können aufgrund der Aufkonzentrierung durch Ausfrieren sogar noch deutlich höhere Alkoholgehalte erreichen, vor allem wenn man diesen Vorgang, bei dem Wasser vom Bier abgetrennt wird, mehrmals wiederholt. Das stärkste Bier der Welt, das „Snake Venom“ der schottischen Brauerei Brewmeister hat 65 Volumenprozent Alkohol.

Bockbier ist typisch und traditionell deutsch, aber mittlerweile überall auf der Welt verbreitet und beliebt. Es ist in und crafty. Sein hoher Alkoholgehalt macht es beliebt bei den jungen Brauern, die keine Filtration oder Pasteurisation verwenden wollen, aber gezwungen sind, dem Handel eine lange Haltbarkeit zu gewähren. Es ist aber mindestens genauso beliebt bei den konservativen Brauern und Biertrinkern, denn Bockbier steht sicher wie kein anderer Bierstil synonym für das Althergebrachte, das sich Bewährende und Bewährte. Ob es nun auf bürgerlicher, adeliger oder klösterlicher Brautration fußt, allemal ist Bockbier ein Schluck lebendige und lebendig machende Geschichte.

Bei guter Lagerung kann sich jede Flasche guten Bockbiers selbst zu einem historischen Exponat generieren. Die Biere sind oft auch noch mehrere Jahre nach Ablauf des Mindesthaltbarkeitsdatums genießbar und reifen zuweilen zu wahren Schätzen heran, denn die Zeit gibt ihnen ihren Feinschliff: Sie werden runder, die Kohlensäure wird feiner eingebunden, und altersbedingte Noten von Sherry, Honig oder Marzipan können sich herauskristallisieren oder gesellen sich hinzu. Sowohl dem bierenthusiastischen, genussfreudigen Entdecker als auch dem vorsorgenden Prepper sei daher angeraten, ausreichende Mengen an Bockbier vorzugsweise in kühlen, dunklen Kellern einzulagern.

Die Welt der Bockbiere ist riesig, und die langen, dunklen und kühlen Winterabende bieten sich an, tiefer in diese wärmende Materie einzutauchen. Doch beim Konsum ist Vorsicht geboten. Naturgemäß wohnt allen Böcken eine gewisse Mächtigkeit inne, die je nach Geschick des Brauers sehr elegant versteckt und dann eben nicht übermächtig daherkommt. Das verleitet zuweilen zu übermäßigem Genuss, der zum partiellen oder totalen Machtverlust führen kann.

Das Einbecker Brauhaus produziert übrigens nach wie vor „Ainpöksches Pier“. Es ist eine der wenigen verbliebenen eigenständigen Aktienbrauereien in Deutschland. Wer schon immer gerne Mitbesitzer einer traditionsreichen Brauerei werden wollte, kann hier ab circa 7 Euro (Stand Oktober 2023) einsteigen (ISIN: DE0006058001). Zum Ärger der Anleger scheint sich die Dividendenrendite der Brauerei jedoch eher mit ihrem alkoholfreien anstatt mit dem traditionsreichen Bockbier zu identifiziert. Auch als Trostspender empfiehlt sich hier ein gut gebrauter, starker Bock.

Steueroptimierter Alkoholgenuss

zuerst erschienen in ef 200 (März 2020)

Was wollen wir trinken, sieben Tage lang? Ohne Finanzamt, ohne Zwang!

Weniger Steuern sind mehr Steuern vorzuziehen. Natürlich möchte niemand um sein Eigentum erleichtert werden, aber ein anderer, libertärer Aspekt ist doch grundsätzlich von höherer Relevanz: Raubende Menschen oder Institutionen profitieren von dem Diebesgut und bekommen somit Anreize, ihr unlauteres, unmoralisches Geschäftsmodell fortzuführen, zu verfeinern und auszuweiten. Räudigen Wölfen gleich lecken sie förmlich das alkoholschwangere Blut und beißen daher immer tiefer in das Fleisch des trinkfreudigen Steueresels, dem sein großes Elend in seinem Rausch zumeist nicht einmal bewusst ist, der es aber ohne ihn vermutlich auch nicht ertragen könnte.

Die Maxime für den staatskritischen Konsumenten sollte also sein, jedwede Steuerzahlung zu vermeiden oder sie zumindest möglichst gering ausfallen zu lassen.

Wenn man seinem Laster weiter frönen möchte, ist es als alkoholaffiner Libertärer schwierig, gänzlich der Steuerlast zu entfliehen. Der Staat hat in seiner grenzenlosen Gier die unterschiedlichsten Formen der Alkoholbesteuerung erdacht, die aber naturgemäß durch diverse Beeinflussung von Lobbyisten und Interessengruppen sehr heterogen ausfällt und dadurch auch Gestaltungsspielräume zulässt.

Betrachten wir zunächst den Wein. Ein nahezu perfektes Getränk, das Genuss und Rausch bietet, ohne dass bürokratische Nassauer allzu viel davon schnorren. In Deutschland gibt es zwar eine Weinsteuer, der Steuersatz liegt jedoch erfreulicherweise bei null. Der Weintrinker leistet somit von allen Alkoholkonsumenten den größten therapeutischen Beitrag für die Entziehungskur des Staates von der Droge (Alkohol-) Steuergeld.

Es sei denn, es ist (zu viel) CO2 im Spiel beziehungsweise im Wein. Ab rund 6,5 Gramm pro Liter greift die oft zitierte Schaumweinsteuer. In weiser Voraussicht hat bekanntlich der Klimarettungsimperator Wilhelm II. bereits im Jahr 1902 die Abgabe auf prickelnden, kohlensauren Wein zur Ertüchtigung der kaiserlichen Flotte eingeführt und somit den Klimatod des Planeten vermutlich um Jahrzehnte hinausgezögert. Denn dank der CO2-Besteuerung konnten sich nur wenige Wohlhabendere den Genuss von perligem Rebensaft leisten. Der größere, ärmere Teil der Bevölkerung leistete stattdessen dem Klima lebensverlängernde Maßnahmen, war und ist er doch gezwungen, sich in Verzicht zu üben. Dieser Logik folgend, müssen wir dankbar festhalten: Die Tatsache, dass diese Steuer auch 121 Jahre nach Einführung noch existiert, verdanken wir der Tatsache, dass diese Steuer auch 121 Jahre später noch existiert. Es gibt Verschwörungstheoretiker, die behaupten, in den Finanzämtern säßen Reichsbürger, die nach wie vor die Schaumweinsteuer für eine möglicherweise immer noch existente kaiserliche Flotte einsackten. Es besteht also vielleicht noch Hoffnung für die „Gorch Fock“.

Merkblatt: Steuern sind Raub

Im Durchschnitt leistet der deutsche Schaumweinkonsument mit knapp einem Euro pro Flasche einen verantwortungsvollen Beitrag zum Fortbestand des Klimas. Übermäßiger Genuss ist aus Klimagesichtspunkten sogar ausdrücklich erwünscht, verlagert er doch den Verantwortungsbereich des vielbeschworenen Kipppunkts von dem fragilen, planetaren Langzeitwetter weg hin zum zunächst standfesten Konsumenten.

Auf Spirituosen wird spätestens seit dem Spätmittelalter Branntweinsteuer erhoben, die jedoch offiziell zum 31. Dezember 2017 abgeschafft wurde. Nein, es besteht kein Grund zur Freude. Denn seit dem 1. Januar 2018 gilt stattdessen das Alkoholsteuergesetz. An einem Liter reinem Alkohol berauscht sich Stiefvater Staat nunmehr mit rund 13,50 Euro, was bei Getränken wie Wodka, Korn und dergleichen einen Anteil von bis zu 80 Prozent des Einstandspreises ausmachen kann.

Das schönste Getränk der Welt ist bekanntlich Bier. Hier richtet sich die Höhe der amtlichen Diebesbeute jedoch nicht wie bei Spirituosen, Likören oder Sekt nach dem Alkoholgehalt, sondern nach der Stammwürze. Gemessen in Grad Plato beschreibt sie den Anteil an allen Zuckern, ob vergärbar oder unvergärbar, die der Brauer während des Maischens aus dem verwendeten Getreidemalz in die Bierwürze hineinarbeiten konnte. Die Steuer fällt also auch auf den nichtalkoholischen Nährwert des Bieres an. Mindestens zur Hälfte ist die Biersteuer daher keine Alkohol-, sondern eine Lebensmittelsteuer. Jedoch ist die staatliche Zwangsverteuerung von Bier mit circa neun Cent bis 18 Cent pro Liter verhältnismäßig gering. Bier ist ein Alltagsgetränk der Mehrheit. Eine höhere Besteuerung erforderte daher deutlich mehr Mut von demokratischen Legislativen, als es bei Schnaps oder Sekt der Fall ist.

Bei allen genannten Getränken kommt dann natürlich noch die von Bund, Ländern und Gemeinden hochgeschätzte Mehrwertsteuer obendrauf. Wie bei allen Verbrauchssteuern gilt auch hier das Prinzip: Der Unternehmer, ob Winzer, Brenner oder Brauer, wird zwangsweise im „Nebenberuf" zum unentgeltlichen Steuereintreiber bestimmt. Er wird zum Sklaven der Kleptokratie. Beschämt erinnert sich der freisinnige Brauer an den Bibelunterricht und erkennt: Ich bin ein Zöllner und (somit) sündig.

Wie kann man nun dieser unfreiwillig aufgebürdeten Last entfliehen oder sie zumindest minimieren?

Abstinenz wäre natürlich eine Möglichkeit, wenngleich keine Alternative. Auswandern? Vielleicht eine

Lösung, aber wo ist der Suff heute eine unregulierte Privatangelegenheit? Am nördlichen Horizont blinkert das Eiland Helgoland verlockend auf. Die einzige Hochseeinsel Deutschlands wird von Verbrauchssteuern verschont und ist daher gewissermaßen auch das einzige deutsche Steuerparadies. Es fallen hier weder Alkohol- noch Mehrwertsteuer an, was sich aufgrund des beschwerlichen Transportweges jedoch allenfalls bei teureren Spirituosen und Rauchwerk bemerkbar macht.

Ein weiterer Ausweg aus der Misere ist die Eigenproduktion, wenngleich sie das Prinzip der Wohlstand erschaffenden Arbeitsteilung konterkariert. Private Schnapsbrennerei ist in Deutschland unter Strafe verboten, Wein- und Bierherstellung jedoch nicht. Ein herkömmlicher Glühweinkocher reicht aus, um in der heimischen Küche rund 20 Liter Bier herzustellen. Das kann man getrost völlig legal zehn Mal im Jahr machen, denn das Brauen von 200 Litern Bier per annum für den Eigenbedarf ist in Deutschland zwar anzeigepflichtig (obwohl es dafür nicht einmal ein Formular gibt!), aber steuerbefreit.

Wer das Hobbybrauen zum Beruf machen möchte und in einer Brauerei Anstellung findet (oder selbst eine gründet), kann vom steuerfreien Haustrunk profitieren. Mit bis zu 18 Litern pro Woche kann eine deutsche Brauerei steuerfrei und unentgeltlich jeden an der Produktion beteiligten Mitarbeiter stärken und dazu beitragen, den Aderlass durch Alkoholegel zu mindern. Dies kann natürlich nur gelingen, solange die Brauerei Gewinn erwirtschaftet, sie sich also als Diener des Konsumenten versteht und gute

Biere erzeugt, die gerne genossen und entsprechend honoriert werden.

Westvleteren 12 – das beste Bier der Welt

zuerst erschienen in ef 201 (April 2020)

Oder können ökonomische Gesetze dem Glauben weichen?

Bereits seit spätrömischer Zeit wurde das Bierbrauen auch in den neu entstandenen Klöstern ausgeübt und kultiviert. Dies geschah zum einen zur Deckung des eigenen Bedarfs, zum anderen zur Finanzierung des klösterlichen Lebens.

Die Trappisten sind eine Abspaltung der Zisterzienser. Trappistenmönche führen ein einfaches Leben auf der Suche nach Gott, in strenger Klausur, siebenmal am Tag im Gebet. Was sie erarbeiten, soll allein den Unterhalt des Klosters sichern. Neben der Produktion von Käse, Likören et cetera zählt das Brauen der sogenannten Trappistenbiere in zwölf Trappistenklöstern zur Haupteinnahmequelle. Trappistenbier ist kein eigener Bierstil, sondern eine geschützte Herkunftsbezeichnung für Biere, die in einem oder in unmittelbarer Nähe zu einem Trappistenkloster gebraut werden. Alle Trappistenbiere sind obergärig ungefiltert und nicht pasteurisiert und gehören allesamt hochalkoholischen Bierstilen an.

Wenngleich nicht die größte, aber wohl die bekannteste Trappistenbrauerei ist die 1831 gegründete Abtei Sankt Sixtus im westflandrischen Westvleteren. Hier brauen die Mönche drei verschiedene Biere, das 6, das 8 und das 12. Diese Nummern geben Hinweis auf die Dichte und somit die Stammwürze und Stärke der jeweiligen Biere. Insge-

Schockierendes Bild: Man ahnt plötzlich, was verpasst, wer das hier nie probierte...

samt werden hier 6.000 Hektoliter pro Jahr gesiedet. Nicht mehr, und auch nicht weniger. Ora et labora muss sich ja die Waage halten. Das Motto der Mönche lautet: Wir brauen, um zu leben, aber wir leben nicht, um zu brauen. Das Angebot ist also fix und sehr begrenzt: rund 18.000 Flaschen Bier pro Jahr – mehr jibbet nich!

2005 kürte das damals weltweit größte Bierbewertungsportal ratebeer.com das Westvleteren 12 zum besten Bier der Welt. Die Nachfrage ging durch die Decke. Das Problem dabei: Das Bier ist im regulären Handel gar nicht vertreten. Die Mönche weigern sich nämlich, die Flaschen mit Etiketten zu versehen, wie es die EU-Verordnung zur Lebensmittelkennzeichnung vorschreibt. Sie müssen sie auch nicht befolgen, solange sie das Bier direkt an den Konsumenten verkaufen. Die gleiche Ausnahme gilt zum Beispiel auch für Wochenmärkte oder Hofläden. Man entschied sich also für den Direktvertrieb. Alle relevanten Informationen passen ohnehin auf den Kronkorken. Um des Nachfrageansturms Herr zu werden, wurde eine Telefonhotline eingerichtet. Wer das Bier kaufen wollte, musste zu einer bestimmten Zeit in der Abtei anrufen – wenn man durchkam, konnte man maximal insgesamt zwei Kisten Bier bestellen, die dann genau zwei Wochen später an der Brauerei abgeholt werden mussten. Das KfZ-Kennzeichen diente als Identifizierungshilfe. Danach war man für die nächsten zwei Monate für weitere Bestellungen gesperrt, denn es sollte ja jeder einmal zum Zug kommen.

Mittlerweile ist auch in Sankt Sixtus das Internetzeitalter angekommen, und das Prozedere wurde leicht geändert: Die Mönche betreiben nun sogar einen Online-Shop. Aufgrund der immer noch sehr hohen Nachfrage gibt es jedoch nur gewisse Tage, an denen man zu gewissen Stunden als registrierter und angemeldeter Kunde bestellen kann. Man wird, so man Glück hat, aus dem digitalen Warteraum in den digitalen Bierladen der Brauerei gerufen. Dann kann man maximal zwei Kisten bestellen und aus drei Terminen auswählen, wann man das Bier persönlich, zumeist in der darauffolgenden Woche, abholen möchte.

Wenn das Angebot unverändert bleibt, die Nachfrage aber steigt, müsste nach den ökonomischen Gesetzmäßigkeiten auch der Preis ansteigen. Nicht aber in Westvleteren, denn die Mönche wollen weder weniger arbeiten noch mehr Geld, als sie benötigen. Die Flasche kostet derzeit im Direktverkauf zwischen 1,75 Euro und 2,17 Euro plus Pfand. Ein Wiederverkauf ist untersagt und wird sogar durch die Mönche überprüft. Wer sich erwischen lässt, wird auf jeden Fall mit lebenslanger Einkaufssperre und vielleicht sogar mit dem Fegefeuer bestraft.

Das hält gierige Schwarzhändler dennoch nicht davon ab, das Bier zuweilen auf Ebay, Amazon oder sogar in regulären Bierspezialitäten-Onlineshops anzubieten. Hier werden zurzeit für eine 0,33-Literflasche bis zu 58 Euro aufgerufen. Es drängen sich Parallelen zu staatlich verordneten Preisobergrenzen auf, die ähnlich effektiv funktionieren.

Zu gerne würde ich einmal die lange Reise ins circa 850 Kilometer entfernte Westvleteren antreten, um mir zwei Kisten Bier zu kaufen. Leider fehlt mir für so eine weite Einkaufstour das knappste Gut schlechthin, und so habe auch ich mir eines dieser weltbesten Biere auf schwarzmarktwirtschaftlichem Wege besorgt und genossen: Das Westvleteren 12 ist ein Dubbel. Ihm widerfuhr eine Nachgärung in der Flasche, wobei diese Flaschen während der Lagerung mehrmals von den Mönchen händisch umgestapelt werden. Ein dunkles, sehr mächtiges, malzbetontes Bier mit 10,2 Volumenprozent Alkohol. Es hat einen feinen, festen und sehr stabilen Schaum, der in dem kelchartigen Glas der Brauerei wirklich prächtig zur Geltung kommt. In der Nase finden sich Aromen von Rosinen, Nüssen, Karamell, Tabak und Leder. Der Antrunk ist süß, sehr vollmundig, die Konsistenz nahezu cremig. Der viele Alkohol ist sehr gut eingebunden, gefährlich versteckt hinter komplexen Impressionen von Karamell, Malz und reifen Früchten wie Datteln, Pflaume, Banane, die sich wohlausbalanciert auf dem Gaumentrapez die Hand reichen. Der Abgang ist lang, eher trocken, und schließlich kommt die Hopfenbittere zum Zuge, die die mächtige Süße von der Zunge abräumt und so Verlangen auf den nächsten Schluck weckt…

Wenn ich es so bedenke, ist Westflandern eigentlich doch relativ schnell erreichbar, und die Ersparnis, die beim Kauf von zwei Kästen des weltbesten Bieres vor Ort im Vergleich zum Schwarzmarkt erreicht werden kann, verbuche ich als mönchischen Reisekostenzuschuss. Wer es mir gleichtun möchte, buche hier einen Termin: www.trappistwestvleteren.be.

Beer prepared!

zuerst erschienen in ef 202 (Mai 2020)

Anleitung zur genüsslichen Krisenvorsorge mit Gerstensaft

Die Krise ist da! Es scheint, wir sind mittendrin: Klopapier, Nudeln, Reis, Mehl und so weiter werden knapp und sogar schon rationiert. Wo genau wir gerade stehen, wie lange die Versorgungslücke anhält und wie schlimm sie sich entwickeln wird, ist ungewiss. Bedenkt man die Äußerungen des deutschen Bundeskanzlers (m/w/d), dass Hamsterkäufe asozial seien, sollten auch bei jedem Biertrinker die Alarmglocken klingeln und eine Notfallvorsorge ernsthaft angegangen werden.

Zunächst stehen grundsätzliche Überlegungen an: Kann ich möglicherweise Bier selbst produzieren, oder habe ich auch in Krisenzeiten Zugang zu externen Ressourcen? Wie viele Biertrinker leben in meinem Haushalt? Für wie lange möchte ich Biervorräte anlegen? Wie hoch ist mein Tagesbedarf? Gerade letztere Frage bedingt, dass man einmal ehrlich in den Spiegel schaut und sich fragt: Trinke ich eigentlich genug?

Es gilt auch zu bedenken, dass derzeit die Gaststätten geschlossen haben. Das allabendliche Feierabendbierchen, das im Norden beim Kröger, im Westen beim Köbes, im Osten beim Kneiper und im Süden beim Beizer verzehrt wurde, muss nun selbst beschafft, verstaut und kredenzt werden. Bei dem einen oder anderen steigt möglicherweise der alltägliche Bierkonsum in Krisenzeiten auch noch an, da man ja sonst wenig erfreuliche Ablenkung hat und man nur so den Lagerkoller zu bekämpfen meint. Vielleicht geht der eigene Konsum aber auch zurück, da es, befolgt man die Kontaktsperre, keine Gelegenheiten des geselligen Trinkens mehr gibt.

Der eher gelassenere Biergenießer wird vorrangig nur seine Lieblingsbiere, auf die er in schlechten Versorgungslagen nicht verzichten möchte, einlagern, während der ernsthafte Prepper sicher auch die weitergehende Krisentauglichkeit des Gerstensaftes in Betracht ziehen wird. Bier besteht zunächst aus circa 90 Prozent Wasser, das im Brauprozess abgekocht wird. Der verwendete Hopfen wirkt antiseptisch, und zusammen mit dem entstandenen Gäralkohol bleibt das Bier bei richtiger Lagerung keimfrei. Bier ist nahrhaft. Ein Pils enthält circa 42 Kilokalorien pro 100 Milliliter. Bereits fünf Liter davon decken somit den gesamten Tagesbedarf an Energie eines durchschnittlichen Mannes und machen feste Nahrung wortwörtlich überflüssig. Die Damen hingegen brauchen des Tags nur vier Liter Vollbier zu trinken, sollten sie gezwungen sein, ob der schlechten Versorgungslage das Essen gänzlich einstellen zu müssen. Die im Bier reichlich enthaltenen Vitamine der B-Reihe sowie die Folsäure und das Biotin der Hefe begünstigen Stoffwechsel, Blutbildung und Zellerneuerung.

Bier ist von wenigen Wochen bis mehrere Jahre halt- und genießbar, je nachdem, ob es pasteurisiert ist und welcher Alkoholanteil ihm innewohnt. Aber auch die Verpackung und die Lagerung nehmen großen Einfluss darauf.

Die UV-Strahlung kann das Braugut in grünen oder gar weißen Glasflaschen sehr negativ beeinflussen. Hopfenbetonte Biere fangen sich darin schnell den sogenannten Lichtgeschmack ein, der den einen an Stinktier, den anderen an Marihuana erinnert. Es sollte also nur Bier in braunen oder lackierten oder verkleideten Flaschen oder Dosen und vorrangig an einem dunklen und kühlen Ort eingelagert werden. Idealerweise überschreitet die Lagertemperatur nicht acht Grad Celsius.

Welche Biere gilt es nun zu bevorraten, vor allem, wenn die Lagermöglichkeiten wie in einer Mietwohnung doch sehr begrenzt sind? Das hängt natürlich zunächst von der eigenen Vorliebe ab. Das Lieblingsbier sollte schon dabei sein, auch wenn es vielleicht nur als Wochenendhöhepunkt eingeplant werden kann. Grundsätzlich bieten sich jedoch nur stärkere Gerstensäfte an. Die Daseinsberechtigung von alkoholfreiem und -schwachem Bier tendiert in Krisenzeiten gen null. Die Haltbarkeit ist sehr kurz. Nüchternheit ist, aufgrund von Fahrverboten und dem Shutdown, zunehmend sinnlos. Selbsterklärend ist alkoholfreies Bier völlig ungeeignet, die Depressionen der Kontaktsperre und der anderen krisenbedingten Widrigkeiten allfeierabendlich zu kompensieren, kompostieren und schließlich wortwörtlich zu entsorgen.

Und so würde ich auf Böcke, Doppelböcke, Strongales, Imperial Stouts, hopfige Double IPAs und auf die belgische Starkbiervielfalt um Blondes, Dubels, Triples und Quadrupels setzen. Der Vorteil liegt auf der Hand: Neben der deutlich längeren Haltbarkeit ist natürlich auch der Nährwert aufkonzentriert und kompakter. Ich brauche also nicht fünf, sondern nur drei Liter zu trinken, um meinem Körper die nötige Tagesdosis an Energie und Entspannung einzutrichtern. Zudem wohnt diesen stärkeren Bieren eine gewisse Wärme inne, die auch beim Ausfall der Heizung vorübergehend einspringen kann.

Um subjektiv entscheiden zu können, welche Biere man konkret in sein Krisenportfolio mitnimmt, bedarf es natürlich umfangreicher Heimstudien in Zeiten guter Versorgungslagen. Im Zweifelsfall wird das auch jede Ehefrau nachvollziehen, die sonst kritische Blicke wirft, wenn sich im Einkaufswagen mehr flüssiges als festes Brot stapelt.

Hobbybrauer haben natürlich den Vorteil, relativ spontan und bedarfsgerecht alle möglichen Biere nach eigener Vorliebe selbst herstellen zu können. Man braucht eigentlich nur einen handelsüblichen Einkochautomaten. Wenn Stromausfälle zu befürchten sind, empfehlen sich Gaskocher, Propangasflaschen und ein ausreichend dimensionierter Topf. Der Hauptrohstoff Malz hält sich gut gelagert mehrere Jahre. Ebenso verhält es sich mit Trockenhefe. Auch Hopfen kann man recht lange, vornehmlich tiefgefroren, einlagern oder hat ihn sogar im Garten. Mit dieser Preppingtaktik sollte man sich jedoch schon in Zeiten der Normalität befasst haben, ansonsten können die ersten Produktionsergebnisse arg demoralisierend wirken. Man sollte zudem bedenken, dass Gär-und Lagerzeiten – je nach Bierstil – drei bis acht Wochen oder sogar noch mehr betragen. Um größtmögliche Flexibilität zu gewährleisten, verbindet man vorzugsweise die Möglichkeit zur Eigenproduktion mit dem Anlegen von Vorräten professionell hergestellten Gerstensaftes.

Wie bei allem Preppen gilt natürlich auch beim Einlagern von Bier die FIFO-Methode, es sei denn, man möchte die unterschiedlichen altersbedingten Geschmacksnuancen ein und desselben Bieres erkunden. Das kann bei stärkeren voluminöseren Bieren durchaus sehr interessant sein und führt oft zu der Erkenntnis, dass ältere, zuweilen längst abgelaufene Biere deutlich komplexer, facettenreicher und dennoch runder munden. Das Mindesthaltbarkeitsdatum ist übrigens nur eine Empfehlung, wie lange ein Bier – gemäß Qualitätsstandard der Brauerei – verkauft und verzehrt werden sollte. Es bedeutet nicht, dass das Bier nach Ablauf ungenießbar ist und ungeprüft weggeschüttet werden muss. Beispielsweise ist eine Trübung ein altersbedingtes, völlig harmloses, aber sichtbar gewordenes (wortwörtliches) Klumpenrisiko von Eiweißmolekülen im Bier.

Letztlich kommt auch hier die subjektive Werttheorie zum Tragen. Jeder muss selbst seinen überlagerten Bierbestand (ab-) zu schätzen wissen und beurteilen, in welcher Phase der Krise die Biere noch genießbar sind. Das ist möglicherweise wie mit den eigenen Haustieren, die in ärgster Not am Horizont der potentiellen Nahrungslieferanten auftauchen und somit eine andere, nie geglaubte Wertigkeit erlangen.

Während ich diese Zeilen schreibe, ist seit 24 Stunden die sogenannte Kontaktsperre in Kraft, Ansammlungen von mehr als zwei nicht verwandten Personen sind untersagt. Basta! Im Finnischen gibt es das Wort „Kalsakarikännit“. Es beschreibt das zwanglose Tun, „sich daheim in Unterhosen zu betrinken“. Karl Lagerfeld prägte den

Ausspruch: „Wer eine Jogginghose trägt, hat die Kontrolle über sein Leben verloren."

Hier und jetzt, an meinem bierseligen Stammtisch allein mit mir selbst, denke ich, dass die besten Zeiten noch bevorstehen. Man muss lediglich die finnische Lebensweise der „Zwanglosigkeit" und „Unbefangenheit" annehmen.

Es gilt, sich der aufgezwängten Jogginghosen zu entledigen, und weil Freiheit schließlich nichts Unanständiges ist, trägt sie Unterbuxen! In diesem Sinne, auf bessere Zeiten: Kippis!

Liegt die Freiheit im Bier?

zuerst erschienen in ef 203 (Juni 2020)

Bierselige Gedanken zum Shut- und Lockdown

Heute ist der 23. April 2020, und Deutschland befindet sich seit einem Monat im Shutdown-Modus. Zu unserem Leidwesen gilt diese Stilllegung nicht für die Regierung, die sie verordnet hat. Sie gilt für fast alle öffentlichen Einrichtungen, unter anderem sämtliche gastronomischen Betriebe – und diese schenken, abgesehen von Shishabars, normalerweise Bier aus. Das Stammlokal bleibt also verriegelt, das Krähen des Zapfhahns ist jäh verstummt.

Nebenbei hat man uns auch noch einen Lockdown verordnet. Bei mir assoziiert dieses Wort im Kopf ein ungemütliches Bild: Ein Mensch liegt am Boden, einen Stiefel eines Polizeibeamten auf dem Rücken, der gerade Handschellen anlegt, weil der andere sich möglicherweise nicht an die Ausgangssperre gehalten hatte.

Eigentlich hatten die uns Regierenwollenden sämtliche Großveranstaltungen lediglich bis zum 31. August untersagt. Unzählige Bier- und Volksfeste fielen diesem Verbot zum Opfer. Vor zwei Tagen untersagte die Stadt München im vorauseilenden Gehorsam nun auch das größte Bierfest der Welt, die Wiesn. Die Italiener sind uns eh gerade nicht hold, sagte man sich vielleicht, und der wirtschaftliche Schaden fällt in Anbetracht der versprochenen Billionen nicht weiter ins Gewicht. Nun sind auf dem Oktoberfest nur relativ große Brauereien vertreten,

Es wird mal wieder Zeit:
Demonstrationen für Bier und Freiheit

die den Umsatzeinbruch verkraften sollten. Auch die inflationssensiblen Wiesnwirte (*siehe Seite 27 ff.*) haben in den letzten Jahren blendend verdient und können zudem auf Hilfsgelder vom Steuerzahler hoffen.

Rund 70.000 Hotel- und Gastronomiebetriebe hingegen stehen vor der Insolvenz. Und auch kleineren und mittelständischen Brauereien geht es an die Existenz. Der Absatz in der Gastronomie ist vollends eingebrochen. Der Fassbieranteil liegt in Deutschland bei 20 Prozent. Die verordnete Kontaktsperre ist im Grunde ein Geselligkeitsverbot. Wer allein zu Hause trinkt, ist eher hochprozentig unterwegs. Es ist nicht verwunderlich, dass der Bierabsatz stark eingebrochen ist. Je nachdem, wie gastronomisch die Brauereien aufgestellt sind, belaufen sich die Umsatzrückgänge von zehn Prozent bis nahezu 100 Prozent. Die ersten Brauereien verkünden ihre Schließung, so zum

Beispiel die unterfränkische Wernecker Bierbrauerei, die nach über 400 Jahren Brautradition den Betrieb wegen der Corona-Maßnahmen einstellen will. Auch die deutlich jüngere Craftbrauer-Szene trifft es hart, denn sie lebt, anders als die etablierten und großen Brauereien, größtenteils vom direkten Ausschank, sei es im eigenen Taproom oder auf den unzähligen Craftbier-Events. All das fällt vorerst und auf unbestimmte Zeit flach, und der Ausfall zerrt an der ohnehin bei diesen zuweilen noch im Startup-Modus befindlichen Brauereien an der dünnen Kapitaldecke. Die Szene ist jedoch nicht auf den Kopf gefallen und beweist auch hier Kreativität. Viele Brauereien starteten Werksverkäufe, meist verbunden mit Rabattaktionen. Es gibt Online-Tastings und virtuelle Brauereiführungen, und natürlich betreiben die meisten Handwerksbrauer eigene Online-Shops, über die nun sogar mehr Bier verkauft wird als vorher. Einige Brauereien initiieren zudem eigene Coronakrisen-Crowdfunding-Projekte. Bei Schoppe Bräu in Berlin kann man beispielsweise mit dem Abschluss von Craftbierpaket-Abos helfen, die krisenbedingten Umsatzausfälle zu kompensieren. Auch die Braumanufaktur, bei der der Autor mitsiedet, hat mit etwas Ähnlichem aufzuwarten. Die Idee dahinter ist, dass der Liebhaber guten Bieres trotz Shut- und Lockdowns nicht auf den Verzehr von vielfältigen Bierkreationen verzichten muss, während er zugleich die Brauer dabei unterstützt, die Sudkessel durch die stürmische See zu steuern. Zudem ist die Grillsaison eröffnet und wird, wenngleich nur im Familienkreis, exzessivst ausgelebt, weil die Restaurants geschlossen haben. Bier ist wichtiger denn je. Es ist nicht nur der Alkohol, der in diesen herausfordernden Zeiten entspannend wirkt, auch der Hopfen beruhigt, und alle 15 Minuten sollte man ja möglicherweise eingefangene Viren aus dem Mundraum der Magensäure zwecks Neutralisierung zuführen.

Wenn der Lagerkoller überhandnimmt und Aggressionsentladung droht, so rät man uns, sei übermäßiger Bierkonsum jedoch nicht angeraten. Einige Staaten wie zum Beispiel Panama, die Philippinen und Südafrika haben daher freundlicherweise dem Konsumenten die Entscheidung abgenommen und strikte Corona-Alkoholverbote verhängt. Die damit vermeintlich verhinderte häusliche Gewalt ist indes vermutlich nur eine Schutzbehauptung. Wie das Kontaktverbot, das Schließen der Kneipen, die Absage der Bierfeste und so weiter soll das Alkoholverbot die Menschen auf dem Weg zur Erkenntnisfindung behindern. Der Volksmund weiß: „Betrunkene und Kinder sagen die Wahrheit.“ Jean-Claude Juncker kann ein Lied davon lallen.

Die mit dem Auslöser dieser Krise nicht verwandte oder verschwägerte mexikanische Corona-Brauerei musste die Produktion übrigens Anfang April infolge des Shutdowns einstellen. Corona gehört seit 2013 zu AB InBev, dem weltweit größten Brauereikonzern.

Das Corona-Bier ist aber wirklich völlig harmlos und an Unspektakularität kaum zu schlagen. Ein typisches American Lager, gebraut mit geschmacksarmen Zutaten wie Mais und Reis und daher nicht nach dem deutschen Reinheitsgebot, was es aber nicht verdächtig macht. Der heute als Marketinggag bekannte Brauch, eine Limette im Flaschenhals auszupressen, ist zwingend notwendig, will man dem Konsum dieses Gebräus überhaupt eine sensorische Erfahrung abringen.

Die Brauerei wurde einst von dem bettelarmen Spanier Antonino Fernández gegründet und von ihm bis an die Weltspitze geführt. Nach seinem Tod vererbte der kinderlose Antonino sein Vermögen Freunden, Verwandten, einem Kulturzentrum und einem gemeinnützigen Unternehmen in seinem nordspanischen Heimatdorf. Rein rechnerisch hat er durch die Hinterlassenschaft jeden Einwohner seines Geburtsortes zum Millionär gemacht und damit unbestritten sehr viele Sozialisten verärgert.

Apros Prost Sozialismus: Kürzlich fragte ich meinen aus Thüringen stammenden Schwiegervater, wie er sich fühle in dieser Zeit. Schließich sind Regale leer, Waren rationiert, und die Reise- und Versammlungsfreiheit ist stark eingeschränkt. Er sagte: „Kein Problem. Als ehemalige Bürger der DDR sind wir abgehärtet, aber ganz so schlimm war es bei uns dann doch nicht. Schließlich hatten die Kneipen geöffnet.“ Mit dieser Taktik überlebte die DDR immerhin fast 40 Jahre.

Heute ist der Tag des deutschen Bieres. Wir bierseligen Germanen hätten eigentlich unsere 504 Jahre alten „Hygieneregeln“ feiern sollen. Stattdessen geht es Gastronomen, Brauern, Schaustellern und vielen anderen langsam aber sicher an den Kragen, und Hunderttausende Niedergesperrte vereinsamen daheim und im Heim. Wir können unsere Feste nicht feiern, unsere Jubiläen nicht begehen. Väter dürfen den Geburten ihrer Kinder nicht mehr beiwohnen, ihre Liebsten nicht unterstützen und mit ihnen zusammen, als gesamte Familie, das größte Wunder nicht erleben. Es ist uns auch verwehrt, von unseren Lieben, deren Lebenszeit abläuft, in Anstand Abschied zu nehmen.

Noch scheint es, die überwiegende Mehrheit bejubelt massivste Einschnitte in ihre Freiheit und den Bruch ihrer Naturrechte. Doch wie lange sind wir bereit, all das hinzunehmen? Man merkt im Privaten, wie das Drohgebäude langsam rissig wird, und mit ihm bröckelt die Kontaktsperre.

„In beer there is freedom!“, sagte Benjamin Franklin. Vielleicht ist es der Drang zur Geselligkeit, das unwiderrufbare Recht, sich mit anderen zu treffen, zu reden, zu trinken, zu feiern, zu lachen und zu weinen, das die willkürlichen Restriktionen zu überwinden hilft und Zweifel an der Alternativlosigkeit der Staatsmacht weckt.

Zaubertrank Zoiglbier

zuerst erschienen in ef 204 (Jul./Aug. 2020)

Aus den Kommunbrauhäusern der Oberpfalz

In der Oberpfalz ist es ein bunter Hund, man kennt es auch in Franken, und im Rest des Freistaates Bayern sollte man von seiner Existenz gehört haben. In den anderen Teilen Deutschlands ist es jedoch weitestgehend unbekannt: das Zoiglbier.

Die Tradition des Zoigls reicht bis ins 13. Jahrhundert zurück. Als Mittel der Machtsicherung „vergab“ die Obrigkeit das Recht, Bier zu brauen und auszuschenken. Eine eigene Brauerei war kostspielig, und so tat man sich zusammen und errichtete Kommunbrauhäuser, welche die Berechtigten bis zum heutigen Tag betreiben. Das Recht, in einem Kommunbrauhaus Bier sieden zu dürfen, war über all die Jahre mit Grundbesitz verbunden und wird nach wie vor im Grundbuch festgehalten. In diesen Kleinstbrauereien wird das Zoiglbier hergestellt. Jeder Zoiglbrauer hat sein eigenes Rezept. Es brauen nicht alle Brauberechtigte selbst. Einige beschäftigen auch professionelle Brauer, die diese Arbeit übernehmen. Das Entscheidende an dem Vorrecht war nicht das Brauen selbst, denn das wurde den Haushalten auch im Mittelalter nicht abgesprochen. Das eigentliche Privileg bestand und besteht im Schankrecht. Die Zoiglwirte sind traditionell keine hauptberuflichen Gastronomen oder Brauer. Sie gehen ganz anderen Berufen nach, sind Landwirt, Schornsteinfeger oder

Glaser. Und doch brauen sie nach fest definierten Regeln abwechselnd alle vier bis sechs Wochen im Kommunbrauhaus: schroten, maischen, verzuckern, läutern, kochen (unter Berücksichtigung der rezeptbedingten Hopfengaben) und lassen dann die erzeugte Würze im Kühlschiff abkühlen.

Einen Tag verweilt die Bierwürze im Brauhaus, dann wird sie vom Zoiglbrauer nach Hause geholt. Erst im eigenen Keller – viele davon sind jahrhundertealt, von Hand tief in den Fels geschlagen – wird „angestellt“: Hefe wird hinzugegeben und die Gärung kann beginnen. Sie dauert in der Regel zwölf Tage. In dieser Zeit wandelt die Hefe alle vergärbaren Zucker in Alkohol und Kohlendioxid (CO2, ja!) um. Das Bier schmeckt jetzt aber noch jung, unrund und hat ungewollte Fehlaromen. Diese müssen sich erst „ablagern“, damit das Zoigl seinen vollen Genuss entfalten kann. Also reift das Bier ungefähr weitere vier Wochen im Keller. Wenn es fertig ist, hängt der Brauer den Zoigl an die Hauswand. „Zoigl“ ist im oberpfälzischen Dialekt das Wort für „Zeiger“. Mit dem Zoiglstern wird angezeigt, dass es in diesem Haus frisches Bier gibt. Er besteht aus zwei ineinandergesteckten gleichseitigen Dreiecken und ist dem Davidstern sehr ähnlich, aber nicht mit ihm zu verwechseln. Die Ecken des Hexagramms stehen symbolisch für die drei am Brauen beteiligten Elemente Feuer, Wasser und Luft sowie die – damals im Mittelalter bekannten – Bierzutaten Wasser, Malz und Hopfen. Häufig findet sich im Zentrum des Sterns ein Bierkrug.

Hängt der Wirt den Zoigl raus, verwandelt sich sein Haus in eine Gastwirtschaft. Oft ist es das gesamte Untergeschoss, nebst Garage und Garten, das er seinen bierliebenden Gästen zur Verfügung stellt. Neben dem Bier werden auch kleinere regionale Speisen angeboten. In den Zoiglstuben ist Leben. Hier trifft sich der ganze Ort und alles, was gerade von auswärts daherkam, Alt und Jung, Arm und Reich. Mit betäubter Leber redet es sich frei heraus, und man ist beim Zoigl durchweg ganz unreserviert beim Du. Reservierung ist übrigens gar nicht möglich. Wenn man keinen Platz findet, kann man immerhin Bier in großen Bügelverschlusskrügen mit nach Hause oder zur Parkbank nehmen.

Jeder Kommunbrauer öffnet nur drei bis vier Tage, danach wird der Stern abgehängt, und es kehrt wieder Ruhe in seiner Wohnstube ein. Aber bald schon wird ein anderer Kommunbrauer mittels Zoigl verkünden, dass sein Haus zum Ausschank offensteht.

In Windischeschenbach und seinem eingemeindeten Ortsteil Neuhaus gibt es die meisten aktiven Zoiglbrauer, die sich nach festgelegtem Kalender (mittlerweile sogar als Smartphone-App verfügbar) mit dem Brauen und Ausschenken abwechseln. Die Preise sind äußerst moderat. Ein halber Liter kostet nicht mehr als zwei Euro. Trotz Absprache der Zoiglwirte handelt es sich nicht um ein Oligopol, denn es gibt ja auch noch reguläre Gastwirtschaften, die anderes Bier ausschenken. Das Bier kann so günstig angeboten werden, weil den Zoiglstuben viele staatliche Auflagen, Gängelungen und bürokratische Hürden, unter denen alle anderen Gastronomen zu leiden haben, erspart bleiben. Zudem gibt es in diesem entlegenen Winkel des Landes noch so etwas wie die intakte Großfamilie, in der drei Generationen gemeinsam schaffen können und wollen, ganz ohne Mindestlohn und Stechuhr.

Auch wenn der Gedanke mittlerweile selbst im Bayrischen Wald nicht mehr abwegig erscheint, die Kommunbrauhäuser heißen nicht so, weil sie von Kommunarden oder sogar Kommunisten betrieben werden. Sie gehören tatsächlich den Kommunen, die sie an die Berechtigten zum Brauen vermieten. Der Tatbestand der Subvention ist naheliegend und nicht auszuschließen. Der oft museale Zustand der Braustätten erinnert jedoch eher an die „Tragödie der Allmende". Vielerorts werden die Maischepfannen und Sudkessel noch mit Holzfeuer beheizt. Die beim Bierbrauen so wichtige Kontrolle über die Verfahrenstemperatur erfordert vom Brauer bei dieser alten Technik viel Erfahrung und Fingerspritzengefühl. Andererseits befördert die antiquierte Technologie den Kultstatus und die Renaissance des Zoiglbieres. Was ist echtes handgemachtes Craftbeer, wenn nicht das Zoigl?

Tja, und was ist das denn jetzt eigentlich für ein Bier?

Das Zoiglbier ist je nach Hausrezept eher mild und moderat gehopft, farblich helle Kupfertöne bis Bernstein. Der Alkoholgehalt bewegt sich zumeist etwas über der Fünf-Volumenprozent-Grenze. Trotz einiger typischer Merkmale ist das Zoigl kein eigenständiger Bierstil, sondern fällt in die Kategorie Kellerbier, das auch unter dem Namen „Zwickel" bekannt ist. Gemeint ist ein unfiltriertes und nicht pasteurisiertes untergäriges Vollbier. Es wird ungespundet, also direkt aus dem Holzfass, ohne Zugabe von CO2 ausgeschenkt. Es ist daher nicht sehr rezent, hat also etwas weniger Kohlensäure, was die Trinkbarkeit befördert.

Dass es ausschließlich in den Kommunbrauhäusern der Oberpfalz von den jeweiligen Brauberechtigten gebraut ist, wäre eigentlich das Hauptunterscheidungsmerkmal. Mittlerweile brauen jedoch auch etliche privatwirtschaftliche Brauereien der Region ihr eigenes Zoigl, um sich des positiv besetzten Marketingimages in dieser eher bodenständigen und heimatverbundenen Gegend zu bedienen.

Für einen Libertären wirkt der Name „Kommunbrauer“ auf den ersten Blick etwas abschreckend. Wer in der Oberpfalz verweilt, sollte sich jedoch diese mittelalterliche und noch lebendige Bierkultur nicht entgehen lassen und ihr ausgiebig frönen. Dass die Gemeinden die Kommunbrauhäuser auch mit zwangsweise angeeigneten Steuergeldern finanzieren, ist verwerflich und unethisch. Andererseits muss man dem, bedenkt man das Subsidiaritätsprinzip, kleinsten staatlichen Übel dennoch anerkennen, dass dieses System über Jahrhunderte eben nicht nur die Oberpfälzer mit Bier versorgte, sondern viele Zoiglwirte auch in praktischer Ökonomie unterrichtete. Das gilt bis heute. Denn sie alle werden, wenn auch nur für ein paar Tage, reihum rund alle vier Wochen zu Unternehmern. Sie alle erfahren, dass sie umso mehr Erfolg haben, je mehr sie ihren Mitmenschen mit einem guten Produkt dienen.

Was unter Blumen die Rose, unter Bieren die Gose

zuerst erschienen in ef 205 (September 2020)

Saures Bier, das lob‘ ich mir!

Der Sommerurlaub ist weitestgehend vollendet. Viele Deutsche, Österreicher und Schweizer haben die Ferien dieses Jahr im eigenen Land verbracht. Die Corona-Maßnahmen sind allein in deutschen Landen eigentlich nur betrunken zu ertragen, so undurchschaubar, willkürlich, oft unlogisch, unverhältnismäßig, widersprüchlich und sprunghaft, wie sie sich darstellen. Hinzu kommen Quarantäne-Drohungen für Rückreisende aus sogenannten Risikogebieten. Es ist nachvollziehbar, dass sich viele Menschen der möglicherweise noch wilderen Willkür fremder Länder nicht aussetzen wollten und daher im eigenen Lande urlaubten. Auch unsere Polit-Elite bediente sich beim verhassten Trump und schwadronierte mit „Germany First“ einen patriotischen Appell, gefälligst den Urlaub im eigenen Land zu verbringen. Selbstverständlich bin auch ich diesem Aufruf zur Reinhaltung des Volkes von möglichem Covid-19-RNS-Material gefolgt. Im voreiligen Gehorsam buchten wir unseren Harzurlaub bereits im letzten Jahr.

Wer den Harz passiert und hier verweilt, kommt schwerlich an Goslar vorbei. Die einst politisch autarke, stolze und bedeutsame Bergbau- und Hansestadt hat eine bewegte Geschichte. Der Reichtum Goslars entstammte nicht nur dem Abbau von Erz und Schiefer. Auch Bier wurde in Goslar reichlich gebraut und exportiert. Und es war ein einzigartiges, besonderes Bier. Das Flüsschen, das sich durch Goslar schlängelt, die Gose, lieh nicht nur der Stadt den Namen, sondern eben auch dem Bier. Natürlich entsprang seine Hauptzutat dem Schoß des Flusses.

Die Gose ist ein fast vergessener Bierstil. Sie gehört zu den Sauerbieren, ist somit mit der Berliner Weiße und der belgischen Geuze verwandt. Bereits im ausgehenden Mittelalter wurde die Gose auch in obersächsischen Gebieten, vornehmlich Leipzig, Halle und Dessau, beliebt, gebraut und zunehmend geliebt. Man trank hier bis zum Zweiten Weltkrieg kaum ein anderes Bier. Während im Nachkriegswestdeutschland der Bierstil der Biergleichmacherei zum Opfer fiel, überlebte der ostdeutsche Brudertrunk – trotz kurzer Unterbrechung – hinter Mauer und Stacheldraht. Wer noch in der DDR (mit oder ohne Genossen) Pils vom Fass genossen hat, weiß, dass die Qualität zuweilen arg schwankte, das Gebräu nach gut zwei Wochen trübe und dann recht schnell säuerlich wurde. Schließlich flüchtete es sich über die Ungenießbarkeitsgrenze. Das konnte der Gose nicht passieren. Sie war ja schon sauer.

Ein vorzügliches sozialistisches Vorzeigebier also? Weit gefehlt, die Gose erlebte ihre Renaissance in der frei-marktwirtschaftlichen Craft-Beer-Bewegung zunächst in den USA, die in den 70ern einige Vorschriften zum Bierbrauen lockerten und das Quasi-Bieroligopol Amerikas auflockerte. Mit dem Herüberschwappen des Trends kam auch die Gose zurück in die Köpfe kreativer

Brauer und Munde neugieriger Kunden ihrer einstigen Heimat.

Die Gose ist ein Weizenbier, das aufgrund des mineralreichen Wassers des Flusses Gose recht salzig war. Hat man kein Gosenwasser, mengt man beim Brauen etwas Salz bei. Unter Zugabe von Koriander und anderen Gewürzen wurde sie mittels wilder Hefen vergoren. Diese Hefen sorgten für die saure Note. Heute verwendet man zur Fermentierung obergärige Reinzuchthefe und anschließend, zum Teil auch parallel, Lactobazillen, die für die Säure verantwortlich zeichnen. Das Bier ist normalerweise unfiltriert, nicht pasteurisiert und mit moderaten fünf Volumenprozent Alkohol ausgestattet, wenngleich es auch Gosenböcke und -doppelböcke gibt. Letztere haben zuweilen die Ehre, in vorbelegten Schnapsfässern zu wahren Kostbarkeiten auszureifen.

Obwohl es sich bei der Gose um einen alten deutschen Bierstil handelt, entspricht sie nicht dem Reinheitsgebot von 1516. Auch gemäß seinem rechtsgültigen Nachfolger, dem vorläufigen Biergesetz von 1993, das zwar 2005 zugunsten einer EU-Anpassung aufgehoben wurde, dessen Durchführungsverordnung jedoch nach wie vor gültig ist, begeben sich deutsche Brauer eigentlich in die Illegalität, wenn sie diesen Biertyp brauen. Abhilfe schafft nur ein Antrag bei der jeweilig zuständigen Landesbehörde, dem jedoch, da es sich um ein „historisches" Bier handelt, normalerweise stattgegeben wird.

Das ist wohl einer der Gründe, warum mit der Gose sehr viel experimentiert wird. So erfährt sie nicht nur langwierige Lagerungen in Rum-, Whisky- oder Tequilafässern, sondern darf auch oft besondere Zutaten vereinnahmen. Insbesondere die Zugabe von Früchten eignet sich ungemein, die säuerlich-salzigen Biere zu verfeinern. So gibt es zum Beispiel Gosen, gebraut unter Zugabe von Himbeeren, Aprikosen, Orangen und Mangos. Aber auch Gemüse eignet sich als Zutat. Die fränkische Familienbrauerei Hertl braut beispielsweise alljährlich eine erfrischende Gose mit Unmengen an Salatgurken. Zuweilen wird die traditionelle Gose vom Wirt auch noch mit Sirup, Likör oder Kümmelschnaps versetzt.

Während die Südfrüchte vielleicht Reisegelüste und Gurken möglicherweise Heimatgefühle wecken, empfiehlt sich eine Zeitreise in die obersächsische Wahlheimat des Gebräus. In der 1986 restaurierten historischen Leipziger Gosenschenke „Ohne Bedenken“ kann man hinter der Jugendstilfassade zechen wie zu Kaisers Zeiten. Die erste Gose schmeckt sehr ungewohnt und schreckt zuweilen ab. Sauerbiere sind in Deutschland dieser Tage wenig verbreitet und dem Gaumen ungewohnt. Die zweite, dritte und alle anschließenden Gosen schmecken dann aber umso besser. „Es trinken die Studiosen zwei bis zwanzig Gosen“ ist der treffliche Wahlspruch dazu. Befolgt man ihn, gesellt sich die heute gelegentlich vermisste Bedenkenlosigkeit wortwörtlich wie von Zauberhand dazu.

In Delirium Tremens

zuerst erschienen in ef 207 (November 2020)

Starke Biere aus Belgien

Das Leben ist eine Illusion, hervorgerufen durch Alkoholmangel", wusste bereits Charles Bukowski. Für den gewöhnten Feierabendtrinker dringt die Realität also nur zum Tagesschluss durch, wenn der Genuss zum Beispiel eines famosen Hopfentranks die täuschenden Schatten der Nüchternheit durch die Klarheit der Dunkelheit vertrieben hat.

Starkbiere sind in diesen Zeiten wärmstens willkommen, denn sie ermöglichen uns, die Irrationalität, die Widersprüche, die willkürlichen Triezereien und Torturen des ausufernden, übergriffigen, vollverschleiernden Wohlfühlstaates mit all seinen Schwachsinnigkeiten vergessen zu machen. Und gemäß der obigen Erkenntnis des „Dirty Old Man" führt ihr Genuss zwangsläufig zu mehr und schnellerem Realitätsgewinn.

In deutschen Landen greift man traditionell zum untergärigen Bockbier. Ein Blick in unser Nachbarland Belgien eröffnet eine ganz andere Welt. Die rund 280 Brauereien in Belgien produzieren etwa 500 verschiedene Biere, die sich zuweilen stark von dem uns bekannten heimischen Gebräu unterscheiden. Neben einer sehr großen Bandbreite an Sauerbieren, viele davon werden mit wilden Hefen spontan vergoren und einige in mittelalterlich anmutenden Holzfässern gereift, gibt es eine riesige Palette an Strong

Ales. Da die Kreativität der Brauer nicht durch ein staatlich verordnetes Reinheitsgebot beschnitten ist, wird eine Vielzahl von hierzulande „unreinen“ Rohstoffen eingesetzt. In belgischen Sudkesseln gesellen sich nicht selten Zucker, Früchte oder Gewürze zu Hopfen, Malz und Wasser. Viele der Braurezepturen und -traditionen sind jahrhundertealt.

Die Neigung der Belgier für stärkere Biere ist indes vor allem ein Resultat von staatlichem Interventionismus. Vor gut hundert Jahren suchten Gesundheitsfanatiker weltweit, ihre Mitmenschen zu bevormunden und den Konsum von Alkohol einzuschränken oder gleich zu unterbinden. Kaum eine Regierung ließ diese Steilvorlage für Steuererhöhungen ungenutzt, und so wurde Alkohol, da wo er nicht verboten war, zum Luxusgut. Was in den USA in die Prohibition mündete, führte in Skandinavien zu staatlichen Alkoholmonopolen. Heimbrauen und -keltern, Schwarzbrennerei und der Schwarzmarkt hatten und haben vielerorts noch immer Hochkonjunktur. Die belgische Regierung fürchtete bei einer Einführung einer totalen Alkoholprohibition Aufstände, und so erließ 1919 der sozialdemokratische Justizminister Émile Vandervelde „nur“ ein Verbot auf den Genuss und Ausschank von Spirituosen. Der Verzehr des, auch in unserem Nachbarland beliebten, „Herrengedecks“ war fortan durch das Verbot einer wichtigen Komponente ungesetzlich. Bier indessen durfte weiterhin ausgeschenkt und konsumiert werden. Die pfiffigen Brauer verfeinerten sogleich die Rezepturen und brauten fortan Biere mit höherem Alkoholanteil, um den „Verlust“ des verbotenen Schnapses zu kompensieren.

Die Namen der Bierstile Dubbel, Trippel und Quadruppel weisen schon auf den höheren Gehalt hin. Während das Dubbel noch relativ moderat daherkommt und sein ausgeprägter Malzkörper bereits auf einen höheren Alkoholgehalt hinweist, ist das Trippel außerordentlich elegant, um nicht zu sagen: hinterhältig gebraut. Denn in der Regel sind die acht Prozent oder mehr sehr gut eingebunden. Nicht selten warnen die Brauereien indes vor ihren tückischen Bieren mit martialischen Markennamen. „Duvel", „Judas", „Piraat" und „Satan" sind nur einige markante Biernamen aus Flandern und der Wallonie.

Die ostflämische Familienbrauerei Huyghe hat in ihrem Portfolio das berühmte „Delirium Tremens", ein Trippel mit 8,5 Prozent Alkohol. Es ist ein relativ schlanker, goldgelber Trank, der mit obergäriger Hefe vergoren ist, was für ein ausgeprägtes Fruchtaroma sorgt. Es besitzt trotz des hohen Alkoholgehalts eine gefährlich gute Trinkbarkeit. Der Name kann sowohl warnend als auch vorbeugend interpretiert werden, denn unter dem Begriff „Delirium Tremens" sind die beim kalten Alkoholentzug bei ambitionierten Trinkern zuweilen auftretenden Symptome von Apathie, Wahnvorstellungen oder Epilepsie zusammengefasst. Sie und die durch extremen Alkoholmangel hervorgerufenen Illusionen und Halluzinationen können sogar tödlich sein. Wie so oft, ist also auch hier die Dosis entscheidend. Der stetige und exzessive Konsum vieler dieser von rosafarbenen Elefanten bewohnten Flaschen kann sicher zur selbsterfüllenden Prophezeiung führen.

Das ebenfalls von Huyghe gebraute „Delirium Red" ist ein Starkbier, das mit Kirschen und Holunderbeeren eingebraut wurde. Ein typisch belgischer Bierstil ist das Kriek, dem während der Gärung Sauerkirschen zugesetzt werden. Dieses säuerlich-fruchtige Gebräu ist normalerweise mit einem Alkoholgehalt von vier bis sechs Prozent recht moderat. Huyghe hat mit dem Delirium Red eine sehr interessante Starkbierversion eines Fruit Ales erschaffen. Es ist erfrischend, spritzig und selbstverständlich sehr fruchtig. Seine acht Prozent Alkohol mögen dazu beitragen, recht viele Rote zu desillusionieren.

Sucht man die Bewusstseinstrübung zu fortgeschrittener Stunde, empfiehlt sich das „Delirium Nocturnum". Dieses dunkelrotbraune Strong Ale verführt mit röstig-malzigen Noten von Karamell, Schokolade und Lakritz. Im Zusammenspiel von Korianderaromen, einem verhältnismäßig schlanken Körper und einer moderaten Bittere werden die 8,5 Prozent Alkohol geschickt versteckt. Ein wahrlich trefflicher Tropfen, um die Bukowskische Wahrnehmungsstörung zu überwinden.

Ebenfalls 8,5 Prozent Alkohol hat das goldgelbe, fruchtig-blumige und wenig gehopfte „weibliche Familienmitglied" namens „Delirium Deliria", das nur einmal im Jahr anlässlich des internationalen Frauentages exklusiv für einen guten Zweck gebraut wird. Gewiss, auch unsere Damen sollten wir nicht in Illusionen gefangen zurücklassen.

Gleichermaßen nur saisonal erhältlich ist das „Delirium Christmas". Der kastanienbraune Gerstensaft ist höchst komplex. Das Aroma leicht süßlich, liefert Rosinen, Röstaromen und Zitrusfrüchte. Der Antrunk ist spritzig. Es folgen Kaffee, Karamell und eine vollmundige

Würzigkeit. Das Bier verabschiedet sich lange, trocken und mit einem Hauch Schokolade. Auch bei dem stärksten Delirium ist der Alkoholgehalt von satten zehn Prozent elegant hinter all seiner Aromen-Komplexität verborgen. Der Genuss im weihnachtlich versammelten Familienkreis vermag sowohl betäubende als auch im Wortsinn enttäuschende Wirkung entfalten.

Neben der Delirium-Reihe siedet die Brauerei Huyghe eine große Bandbreite weiterer Bierspezialitäten. Wer mit dem eingangs identifizierten Verlust der Sinnestäuschung partout nicht zurechtkommt, dem seien zur Heilung ein paar Flaschen „La Guillotine“ anempfohlen. Das Strong Blond ist ein Meisterwerk der Alkoholverschleierung. Es ist würzig-kräuterig, mild hopfig, sehr gegenwärtig und für 8,5 Prozent Alkoholgehalt verhältnismäßig schlank. Es ist nicht nur der allgemeine Erkenntnisgewinn, jener plötzlich aufflackernde klare Blick, der beim Genuss dieses Bieres einsetzt, auch die sensorische Wahrnehmung wird geschärft. Es ist erstaunlich: Bereits beim ersten Weg zum Wasserlassen entwickeln viele Trinker eine Hypersensibilität für geringste seismische Aktivitäten.

Gesellschaftlich, politisch, ökonomisch und monetär erleben wir momentan die größten Umbrüche seit Jahrzehnten. Es bleibt zu hoffen, dass die anstehenden Eruptionen und tektonischen Verschiebungen viele Menschen wachrütteln und desillusionieren werden. Es ist höchste Zeit, den machtergriffenen Möchtegerntotalitären zu zeigen, wer die wahren Souveräne sind.

Nichtsdestotrotz braucht es Verschnaufpausen, um den Wahnsinn zu ertragen. Man muss ihm hin und wieder entfliehen, genießen, sich entärgern, resetten, es sich wohlergehen lassen und Wohlergehen zulassen. In diesem Sinne ist es vielleicht zuweilen geboten, sich frei nach Kant gepflegt die Kante zu geben: „Habe den Mut, dich deines eigenen Verstandes zu berauben!“ Die Delirium-Biere sind für dieses Vorhaben bestens geeignet.

Eine geschichtsträchtige Alkoholbombe

zuerst erschienen in ef 208 (Dezember 2020)

Weisheit und Freiheit im Barley Wine

In wine there is wisdom, in beer there is freedom, in water there is bacteria.“ (Im Wein liegt Weisheit, in Bier liegt Freiheit, im Wasser liegen Bakterien.) Dieser Aphorismus wird Benjamin Franklin zugeschrieben, wenngleich kritische Stimmen meinen, die Urheberschaft sei ihm lediglich angedichtet. Denn der Begriff „Bakterien“, so der Einwand, soll zu Lebzeiten des amerikanischen Gründervaters noch nicht geläufig gewesen sein. Dessen ungeachtet erscheint dem lebenserfahrenen Trinker der Ausspruch nachvollziehbar und wahr zu sein. Und setzt man das voraus, kann man praxeologisch ableiten, dass zwangsläufig der Versuch unternommen wird, ein Getränk herzustellen, das zugleich Bier und Wein ist, aber keineswegs Wasser.

Bereits im Mittelalter importierte die seit 1066 französisch geprägte Oberschicht Britanniens große Mengen Wein aus Frankreich. Damals favorisierte man jedoch keine trockenen Tropfen. Je süßer, desto besser und teurer. Immer wieder unterbrachen Kriege den Handel mit Frankreich, und während der Kontinentalsperre Napoleons liefen die britischen Weinkeller sprichwörtlich ins Trockendock, denn es konnten ja nicht einmal Weine aus anderen Ländern importiert werden. Die heimische Weinproduktion war seit den römischen Tagen nicht mehr existent. Obstweine, Ciders, gehören zwar traditionell zu den Alkoholika Großbritanniens, sie waren aber aufgrund ihrer Herbe, Säure und des relativ geringen Alkoholgehaltes nur ein Getränk des einfachen Volkes und weitestgehend ungeeignet, die süßlich-verdorbenen Gaumen der Aristokratie bei Laune zu halten. Die Brauer waren also gefordert, ein akzeptables Substitut für den lieblichen Rebensaft herzustellen. Die enge Verwandtschaft zum englischen „Old Ale" lässt jedoch vermuten, dass der „Barley Wine" eigentlich keine Neuerfindung in der Not war, sondern wahrscheinlich nur eine Namensänderung, also die Anwendung eines durch den Nachfrageanstieg beflügelten Marketingtricks oder andersherum.

Während die Brauer heute normalerweise die Bierwürze aus dem Zusammenlaufen von Haupt- und Nachgüssen erzeugen, also die Vermengung von im Maischprozess gewonnenen Malzextrakten mit sehr hoher und minderer Stammwürze vornehmen, war es in früheren Zeiten üblich, dass Starkbiere aus dem Hauptguss (englisch: „first runnings") vergoren wurden, während aus den Würzen der geläuterten Nachgüsse derselben Maische dann leichtere Biere bis hinunter zum Dünnbier hergestellt wurden. Diese Methode war bis ins 19. Jahrhundert hinein gebräuchlich, bis der technologische Fortschritt Einzweckmaischen mit höheren Malzschüttungen ermöglichte.

Der Barley Wine entstammte diesen „first runnings", dickflüssigen, malzzuckerschwangeren, extrem klebrigen Bierwürzen. Diese Biere haben Stammwürzen von 20 bis 30 Prozent und gehören mit ihren bis zu 15 Volumenprozent Alkohol, abgesehen vom Eisbock, zu den stärksten

Bieren, die hergestellt werden können. Keine Bierhefe verträgt mehr als 15 Prozent Alkohol. Wenn man so will, ist eine natürlich beendete Starkbiergärung ein suizidaler Genozid, denn die Hefe hat die für sie letale Menge Alkohol selbst produziert.

Wie viele historische Bierstile war der Barley Wine nahezu in Vergessenheit geraten, bis er schließlich durch neugierige Craftbeer-Brauer in den USA wiederbelebt wurde. Aufgrund seiner Robustheit ist dieser Bierstil bei vielen handwerklichen Brauern sehr beliebt. Oft wird er aber nur in den Wintermonaten als Jahrgangsbier oder Vintage Beer angeboten. Auch etliche deutsche Brauer bieten mittlerweile ihre Interpretationen dieses alten englischen Bieres an.

Dass es mit seiner intrinsischen Wärme das perfekte Getränk für die kalten Tage ist, liegt auf der Hand. Nicht sämtlicher Zucker ist zu Alkohol vergoren, die Biere sind lieblich, farblich oft rötlich, von dunklem Bernstein über Mahagoni bis zur undurchsichtigen Schwärze ist alles vertreten. Um die Süße auszubalancieren, ist viel Hopfen gefragt. Die Bitterwerte sind dementsprechend hoch. Die Bandbreite reicht von 35 bis 70 IBUs (International Bitterness Units) beim „English Style“ bis hin zu 50 bis 120 IBUs bei der amerikanischen Variante. Das ist sehr viel. Zum Vergleich: Ein für viele Gaumen oft schon zu bitteres Jever hat rund 35 IBUs. In Barley Wines tritt jedoch die Bittere normalerweise nicht zu extrem und unangenehm in Erscheinung, denn sie wird von dem mächtigen Malzkörper faktisch neutralisiert, und genauso ist es andersrum. Die im Antrunk ungewohnte Süße auf der Zunge wird durch den von der Hopfenbittere angeregten Speichelfluss wieder abgeräumt.

Barley Wines sind typische Dessertbiere und gesellen sich perfekt zu herzhaftem Käse, gerösteten Nüssen oder getrockneten Früchten. Ihr Aromenreichtum selbst ist sehr komplex: Karamell, Toffee, nussig, leicht röstig, aber auch fruchtig, an Trockenobst erinnernd. Der Alkohol ist präsent. Oft werden Barley Wines über längere Zeit in Holzfässern gelagert, was die Biere runder macht, den Alkohol besser einbindet und neue Aromen von Holz und vom vorherigen Inhalt (Whisky, Rum, Portwein und so weiter) hineinbefördert. Barley Wines sind prädestiniert für eine lange Lagerung, weswegen sie sich gut zur Vorbereitung auf schlechtere Zeiten und zur Altersvorsorge eignen. Bei etlichen Bieren wird nicht das Mindesthaltbarkeits-, sondern das Produktionsdatum angegeben. Wie echter, guter Wein, können auch Barley Wines mit zunehmender Reife im Bierkeller aromatisch dazugewinnen, durchlaufen mehrere Peaks, bis sie schließlich, häufig erst nach etlichen Jahren, ihre Aromenfülle allmählich wieder verlieren. Der neugierige Bierfreund, der diese Entwicklung im Auge behalten möchte, sollte also immer mehrere Flaschen einlagern.

Erhältlich sind Barley Wines in gutsortierten Bierläden und online, entweder direkt bei den Brauereien oder bei Fachversänden. Sie sind ideale Biere für die anstehenden Festtage, wärmen und nähren Wanst und Gemüt.

Wie viel Weisheit und wie viel Freiheit das Bier Barley Wine bei welcher Menge optimal liefert, ist natürlich rein subjektiv und muss jeder wissbegierige, erkenntnissuchende libertäre Trinker für sich selbst ergründen. Immerhin ist es wohl auszuschließen, dass in seinem Wasseranteil noch schädliche Bakterien oder gar Viren innewohnen, die der Großmutter gefährlich werden könnten. Bei ausreichendem Verzehr von Barley Wine setzt bei den meisten Konsumenten ein „quantitative easing" ein, das selbst den ärgsten Lockdown schließlich in einen erlösenden Knockdown zu verwandeln vermag.

All beers matter!

zuerst erschienen in ef 209 (Jan./Feb. 2021)

Plädoyer gegen den linken Totalitarismus wider unser Lieblingsgetränk

Viele Biertrinker haben eine diskriminierende Sorten-, Stil- und somit Farbpräferenz. Kölsch und Pils sind hell, Altbier ist kupferbraun, Guinness ist schwarz. Die Farben der Biere geben Hinweise auf ihre Vollmundigkeit und Aromatik. Helle Biere sind normalerweise schlank, bräunliche oft malzaromatisch, und in dunklen Bieren finden sich die Röstaromen aus dem heißer und länger als üblich gedarrten Malz wieder.

Dass das Getränk Bier aber, egal welche Farbe es hat, von weißem Rassismus nur so trieft und tropft, ist eine neue Erkenntnis zweier amerikanischer Professoren. David L. Brunsma und Nathaniel Chapman „belegen“ in ihrer jüngst veröffentlichten Untersuchung „Beer and Racism. How beer became white, why it matters and the movements to change it“, dass die (amerikanische) Bierszene eindeutig ganz schlimm weiß und männlich ist. „In den USA stand Bier immer in Verbindung mit Rasse, Rassismus und der Konstruktion weißer Institutionen und Identitäten“, entnehmen wir der Buchbeschreibung. Insbesondere Craftbeer sei sehr problematisch, da voller „intersektioneller Ungleichheiten“, meinen die beiden Autoren, die die „Weißheit der Craftbeer-Szene beenden wollen“. Die Szene sei dominiert von barttragenden weißen Männern.

Das Ziel dieses „einzigartigen“ Buches sei es, so einen „dringend notwendigen, kritischen und interdisziplinären Weg zu finden, um die rassistischen Strukturen in der Produktion von Craftbeer und gewöhnlichem Bier zu prüfen“.

Wie eine Erlösung kommen da eigens organisierte „Black Craft Beer Festivals“ daher, bei denen die diskriminierenden Biere der Weißen, Latinos, Indigenen und Asiaten ausgeschlossen werden.

Die Craftbeer-Bewegung entstand, ähnlich wie die Computerfirmen im Silicon Valley, in Garagen der amerikanischen Westküste der 1970er Jahre. Auslöser war zum einen das Fehlen jeglicher Biervielfalt und zum anderen das Glück, dass man einige beschränkende Regulierungen aus Prohibitionszeiten über Bord warf. Wie jeder Mensch mit hellerer Haut kann nämlich auch jeder People of Colour in den USA seit rund 50 Jahren relativ problemlos Bier brauen – und viele Schwarze machen genau das seit Jahrzehnten.

Dass möglicherweise überproportional viele Weiße in der Bierszene unterwegs sind, hat viele Gründe. Einige mögen ihre historischen Wurzeln in der Rassendiskriminierung haben. Diese Zeiten sind jedoch glücklicherweise längst vorbei. Jeder Sonnenaufgang bringt Feuer, das Glück neu zu schmieden. Allein, wer gutes Bier braut und den Konsumenten bestmöglich mit Qualität und Preis zu dienen vermag, wird Erfolg haben. So wie es dem Jazzfan egal ist, welche Hautfarbe der Trompeter hat, ist die Art und Intensität der Pigmentierung des Brauers völlig irrelevant, wenn es um Stammwürze, Bittereinheiten, Fruchtigkeit und Drinkability geht. Offenbar wird hier wie auch in anderen gesellschaftlichen Bereichen versucht, eine ganze Branche zu politisieren und zu diskreditieren.

Ich bin überzeugt davon, dass dieser Versuch nicht von Erfolg gekrönt sein wird. Die meisten Biertrinker scheren sich nicht einmal darum, woher ihr Bier kommt und was sie da genau trinken. Und das ist auch ihr gutes Recht. Biergenuss bedeutet für die meisten: Entspannung, Erholung und Entlastung von der Unbill des Tages. Ihn zu politisieren und somit in den Tränenstrudel der allzeit weinerlichen Progressiven zu schubsen, ist nicht nur hanebüchener Unsinn. Es ist ein unverzeihliches Verbrechen gegen jeden, der einen wohligen Feierabend verdient.

Lassen wir uns also nicht verunsichern, machen wir uns in aller Ruhe ein Bierchen auf und rufen uns die Geschichte des Bieres in Erinnerung. Bier ist ein alkoholisches Getränk (Clausthaler hasst diese Definition), das aus Getreide und Wasser hergestellt wird. Im Zuge der neolithischen Revolution, dem Beginn von Ackerbau, Viehzucht und Sesshaftwerdung, entstand es vor circa 10.000 Jahren im Zweistromland, möglicherweise parallel in China. Bereits im alten Ägypten wurde Bier Grundnahrungsmittel, und auch bei uns in Mitteleuropa ist das Bierbrauen seit mindestens 5.000 Jahren belegt. Seit ehedem wurden unterschiedlichste Getreide verwendet: Emmer, Weizen, Dinkel, Hafer, Hirse, Roggen, Reis, Mais und natürlich Gerste. Letztere wird bevorzugt, weil sie die meisten Enzyme liefert, um die Stärke in vergärbaren Zucker umwandeln.

Als Teil der menschlichen Evolution trat das älteste Kulturgetränk seinen Siegeszug über den Erdball an. Neben uns geläufigeren europäischen Bierstilen gibt es die vielfältigsten Biere, zum Beispiel das aus Mais und Hirse gebraute Umqombothi der Xhosa in Afrika. Oder die verschiedensten Reisweine Asiens, die genau genommen Biere sind. Chicha, das aus Mais und Maniok hergestellte Gebräu Südamerikas, das bereits die Inkas berauschte. Annedda, das teeartige Bier der nordamerikanischen Indianer. Allein die weniger exotischen europäischen Biere sind an Farbenreichtum nicht zu schlagen: Pale Lager, Weißbier, Braunbier, Schwarzbier, Red Ale, Amber Ale und Pale Ale tragen ihre Färbung stolz im Namen. Es gibt dunkles Weißbier und sogar Black India Pale Ale. Mehr Multikulti bietet sicher kein anderes Getränk. Die Bierfarbe wird in Europa in der Einheit EBC gemessen, helle Biere rangieren zwischen vier und zehn, danach folgen Bernsteintöne, rote und braune Biere und ab 50 EBC wird es schwarz. Ein tiefschwarzes Imperial Stout hat rund 80 EBC.

Millionen von Heimbrauern und tausende Brauereien auf der ganzen Welt produzieren eine unglaubliche Vielfalt. Auch hier gilt: Wo die Märkte weitestgehend frei sind, steigen das Angebot und die Qualität. Die moderne Logistik ermöglicht den Transport des Naturprodukts Bier an die entlegensten Orte der Welt. Regelmäßig werden die unterschiedlichsten Biere bei internationalen Bierwettbewerben bewertet. Nicht selten schneiden ganz kleine Brauereien ganz groß ab. Wer sein Lieblingsbier noch nicht gefunden hat, hat heutzutage die besten Möglichkeiten, es sich einfach selbst zu brauen. Das Internet ist voll von Ratschlägen und Rezepten. Das Volk der Brauer ist groß, erfindungsreich und kreativ. Es braut mit Feuer in Feuerland und den heißen Quellen Islands, in den Tälern des Himalayas, gegen den Staub im australischen Outback und in den Straßen von San Francisco, in Mönchskutte in Andechs, barfuß am Fuß des Kilimandscharos, lärmend in der Stadt der stillen Grenzen und im Sattel dreier Pferde in Madagaskar. Es sind nicht nur unzählige internationale Bierfestivals, Wettbewerbe, Messen und Fortbildungen, die den Stamm der Biersieder stetig zusammenführen. Es sind vor allem die Passion am gemeinsamen Handwerk, die Unvoreingenommenheit und Neugierde am Produkt und die Verbindung von Tradition und Kreativität, die die internationale Bierszene ausmachen. Und die Craftbeer-Szene ist sehr international, was ein Grundpfeiler der ungeheuren Vielfalt ist. Die kleine Brauerei, bei der ich mitwirke, beschäftigte in diesem Sommer insgesamt vier Mitarbeiter, die aus drei verschiedenen Erdteilen stammen.

In all seinen Spielarten und Facetten ist Bier das Lieblingsgetränk für hunderte Millionen Menschen auf dem gesamten Globus. Es ist gesellig, entspannend und verbindend. Und nun soll uns das diverseste und beliebteste Getränk der Welt wegen eines ihm vermeintlich innewohnenden Rassismus vergällt werden? Lassen wir es nicht zu, dass die Moralisierer und Politisierer die Quelle unseres Genusses vergiften können. Bleiben wir unbeirrbar und erheben Glas und Stimme gegen die Belehrer und Bevormunder.

Ich wünsche Ihnen geruhsame und genussvolle Festtage!

Die Wiener Schule des Bierbrauens

zuerst erschienen in ef 210 (März 2021)

Vor Carl Menger wirkte Anton Dreher

Für jeden Libertären und klassisch Liberalen gehört das Drücken einer – zumindest imaginären – österreichischen Schulbank zu einer erhellenden und eigentlich unverzichtbaren Betätigung. Das Trainieren und Besinnen des gesunden Menschenverstandes entgegen den Irrungen und Wirrungen des Hauptstroms, die unentwegt auf allen Kanälen auf uns einprasseln, ist eine sehr bewegende, sportliche und zuweilen erschöpfende Aufgabe. Unerlässlich treiben die Vorturner Menger, Mises, Hayek und Fortfolgende den emsigen Eleven auf dem Trimm-dich-Pfad der Erkenntnis voran. Bedenkt man die großartige geistige Leistung der Wiener Schulmeister, drängt sich die Vermutung auf, dass sich die meisten – wenn nicht sogar ausnahmslos alle – häufig, zuweilen kräftig und allenthalben mit Bier gestärkt haben, von ihm inspirieren ließen, das Gehirn damit angeregt und genährt oder sich gelegentlich sogar maßlos betäubt haben und sich somit von all den mitunter schwer drückenden Gedanken des Denkens erleichtern ließen. Ob das tatsächlich stimmt, sei dahingestellt. An dieser Stelle steht die Frage im Raum: Womit?

Wien im 19. Jahrhundert war eine der aufstrebendsten Metropolen der Welt. Mit der Industrialisierung trat auch in der Hauptstadt des Vielvölkerstaats an der Donau in vielfacher Hinsicht ein enormes Wachstum ein. Der Wie-

Ursprung im alten Wien:
Schmeicheleien für Geist und Seele

ner Braulehrling Anton Dreher lernte während seiner Lehre Gabriel Sedlmayr, den zukünftigen Erben der Münchener Spatenbrauerei kennen. Die beiden Freunde bereisten 1833 Großbritannien. Sie betätigten sich in dem zu dieser Zeit fortschrittlichsten Land der Welt regelrecht der Industriespionage. In England hatte man bereits Verfahren der milderen Getreidevermälzung durch indirekte Befeuerung und später durch Dampf entwickelt. Das Ergebnis waren hellere Biere, denen das – bis dato jedem Bier mehr oder weniger innewohnende – Raucharoma fehlte. Statt hölzerner Gärbottiche verwendete man in England nun Behälter aus Stahl, und um die Temperaturführung der Brauvorgänge besser kontrollieren zu können, benutzte man sogar Thermometer.

Nach seiner Rückkehr aus England war Anton Dreher voller Inspiration, die kennengelernten technischen Neuerungen im familiären Betrieb alsbald umzusetzen. Doch zunächst waren vor allem seine unternehmerischen Talente gefragt. Er pachtete die hochverschuldete Brauerei seiner Mutter im Wiener Vorort Klein-Schwechat. Mithilfe seiner Bierkreation „Kaiserbier“ und einiger Innovationen konnte er den Ausstoß deutlich erhöhen. So gelang es ihm 1838, die Brauerei zu kaufen. Sedlmayr sendete ihm untergärige Hefe aus München, mit der Dreher nun experimentierte. Im Jahre 1841 braute Anton Dreher erstmalig das unter dem neuen heutigen Bierstilnamen bekannte „Wiener Lager“. Es ist ein gut trinkbares, malzbetontes Bier mit einem mittleren Körper und einem eher lieblichen Nachtrunk. Es finden sich dezente Röstaromen, Biskuit und Karamell. Hopfen ist eher sparsam eingesetzt. Das Bier besitzt eine leicht rötlich-bernsteinfarbene bis braune Farbe und einen moderaten Alkoholgehalt um die fünf Volumenprozent. Das Wiener Lager ist eng mit dem Märzen, dem Oktoberfestbier und dem Hellen verwandt. Letztere Sorten entstammen der Münchner Spatenbrauerei von Drehers Freund Sedlmayr.

Das neue Wiener Lagerbier ermöglichte Anton Dreher, ein kleines Bierimperium zu begründen. Für die bei untergärigen Bieren notwendige kühle Lagerung erwarb er ausgediente Weinkeller und erweiterte sie. Er kaufte kleinere Brauereien im Wiener Umland, im Ungarischen und in Triest auf und exportierte sein Bier schließlich weit über die Grenzen der kaiserlichen und königlichen Doppelmonarchie hinaus. 1850 installierte er die erste Dampfmaschine in einer österreichischen Brauerei. Sie ist heute im Technischen Museum Wien zu besichtigen.

Nach dem Tod Anton Drehers des Älteren im Jahr 1863 wurde der Brauereibetrieb vom Vormund Cajetan Felder geleitet, bis schließlich der Sohn, Anton Dreher der Jüngere, 1870 die Geschäftsleitung übernahm. Auch der jüngere Anton erwies sich als geschäftstüchtiger und innovativer Unternehmer. Nicht ohne Hintergedanken förderte er Carl von Lindes Erfindung der Kältemaschine und installierte 1877 den ersten Prototypen davon in seiner Triester Brauerei. Nun konnten die kühl geführten, untergärigen Biere ganzjährig gebraut und ohne aufwendige Lagerung im Eiskeller reifen, sogar in Italien.

Wie so viele historische Bierstile war auch das Wiener Lager nahezu in Vergessenheit geraten. Es überlebte kurioserweise in Mexiko, das bekanntlich ein ehemaliges Habsburger Kaiserreich ist. Davon unbeeindruckt, deswegen oder trotz dessen wurde die mexikanische Variante mit Namen „Negra Modelo" ein Verkaufsschlager. Mit der in den 1970er Jahren von den USA ausgehenden Craftbeer-Bewegung und der damit einhergehenden Renaissance alter Bierstile wurde auch das Wiener Lager wiederentdeckt, neu belebt und weiterentwickelt. Heute sind in den USA die bekanntesten Vertreter das Brooklyn Lager, Samuel Adams Boston Lager oder das Yuengling Traditional Lager, die zum Teil auch in Europa erhältlich sind. Aber auch deutschsprachige Brauer wagen sich an den Bierstil, der vielen der Eifrig-Innovativen jedoch zu „uncraftig", bieder und überhaupt nicht „fancy" genug ist.

Dem aufmerksamen, frei denkenden Biertrinker fallen mit zunehmendem Konsum sofort viele Parallelen der beiden Wiener Schulen auf: Während Anton Dreher sich von der fortschrittlichen britischen Brauweise und ihrer Meister inspirieren ließ, legten die britischen Ökonomen Petty, Hume, Smith, Cantillon und so weiter das Fundament für den österreichischen Stil der Nationalökonomie. Sowohl Wiener Schule als auch Wiener Lager erblühten im Glanze der Zeit, und obgleich sich beide einer gewissen Popularität erfreuten, gerieten sie bedauerlicherweise alsbald in ihrer Heimat in Vergessenheit und Missachtung. Aber das Gute an wirklich guten Ideen ist ja, dass sie unsterblich sind. Und selbst wenn sie sterben sollten, werden sie wiedergeboren. Und so fanden beide Asyl und Inspiration in der Neuen Welt, von wo aus sie nun – zugegeben noch sehr im Verborgenen – die „Reconquista“ über Gaumen und Geist der Menschen angetreten haben.

Es ist sicher kein Zufall, dass chronologisch das Wiener Lager der Schule vorantritt. Zu der Zeit, als Anton Dreher davon den ersten Sud braute, war Carl Menger, der Begründer der Österreichischen Schule der Ökonomie, gerade mal ein Jahr alt. Von dem amerikanischen Dichter John Ciardi stammt die Erkenntnis: „Fermentation und Zivilisation sind untrennbar miteinander verbunden.“ Das ist nicht nur so dahingesagt, etliche Evolutionsforscher sind sich sicher: Die Entdeckung der Gärung ist für die Menschheitsentwicklung mindestens so bedeutsam wie die Zähmung des Feuers. Wäre Dreher 1833 nicht nach England gereist oder hätte er sich mit Schmetterlingen im Bauch dort niedergelassen, wäre das Wiener Lagerbier vermutlich nie gebraut worden. In Ermangelung dessen – man mag es sich nicht ausdenken – hätten die Wiener Volkswirte möglicherweise nur geringere Geistesleistung erbringen können oder wären gar auf erkenntnistheoretische Abwege geraten.

Im Gegensatz zu vielen Hauptstrom-Geschwätzwissenschaften ist die Österreichische Nationalökonomie gewiss kein trockener Stoff. Gerade weil das logische Denken über menschliches Handeln ihr Markenkern, der „USP“ ist, kann ihr jeder unbefleckte, mutige Vernunftbenutzer folgen. Zur besseren Ausleuchtung des weiteren Erkenntnisweges sei dem Leser der gelegentliche Genuss eines Wiener Lagers als inspirierender Kommilitone durchaus anempfohlen.

Freibier gibt es morgen!

zuerst erschienen in ef 211 (April 2021)

Und Freiheit?

Freibier gibt's morgen! Wer sich noch an Kneipen erinnern kann, kennt sie mit Sicherheit. Diese humorvolle Replik des Wirts auf die dauerhaften Nachfragen der Gäste nach dem kostenlosen Suff. Gibt es eine versöhnlichere Art, „Nein" zu sagen?

Wenngleich natürlich nicht ernst gemeint, verlockt sie unterbewusst den vielleicht schon angesäuselten Trinker, seine aktuelle Liquidität eben doch heute, hier und jetzt auf beziehungsweise sich in den Kopf zu hauen. Heute ist heute, und morgen gibt's Freibier. Der Durst hat eine hohe Zeitpräferenz. Aber auch den Wirt drückt derselbe Schuh. Vermieter und Bank wollen monatlich bedient werden. Die Brauerei liefert nur bei pünktlicher Zahlung, und Luft und Liebe eignen sich allenfalls als Entlohnung bei Mitarbeitern, zu denen man eine sehr enge familiäre Bindung hat. Der durchs Trinkerjahr dauerlaufende Running Gag vom allmorgigen Freibier ist da eine willkommene und rettende, ungelogene Lüge für beide Beteiligten, ihren zugleich gleichen und doch konträren Begehrlichkeiten Ausdruck zu verschaffen.

Die aktuellen Nachrichten zur Brauwirtschaft und Gastronomie sind erschreckend. Der Great Reset, in besseren Zeiten mal ein scherzhaftes Synonym für einen durch einen anständigen Alkoholexzess herbeigeführten

Blackout, löscht die klein- und mittelständisch geprägte Brauereilandschaft tatsächlich aus wie der Neustart eines Rechners den Inhalt des RAM-Speichers. Und wir sehen wohl erst die Spitze des Eisberges.

Die Schlagzeilen von Absatzrückgängen in Rekordhöhe geben den Meldungen über die Vernichtung von Unmengen an Fassbier, das das Mindesthaltbarkeitsdatum überschritten hat, die Klinke in die Hand. Es drohen massenhafte Insolvenzen und dauerhafte Schließungen von kleinen Brauereien, Braugasthöfen und unzähligen Gastronomiebetrieben sowie die Einstellung vieler kleinerer und größerer Festivals. Offenbar ist Geselligkeit gefährlich und gehört daher ausgesperrt.

Noch im September 2020 verkündete der in Deutschland vom einfachen Bankkaufmann zum Bundesgesundheitsminister mutantierte Jens Spahn, einen erneuten Lockdown werde es mit dem Wissen von heute nicht geben. Dieses „Wissen von heute“ der deutschen Bundesregierung fließt nun in Strömen in die Gullys der Kanalisation und vermengt sich dort mit seinesgleichen. Millionen Hektorliter Fassbier werden unter staatlicher Aufsicht wegegossen, weil die Brauer doch tatsächlich so behämmert gewesen sind, der Bundesregierung zu glauben und ihre Fasskeller zu füllen. Weil sie nach vier Monaten Lockdown im Frühjahr bereits so geschröpft waren, dass ihnen nichts anderes übrigblieb, als sich von der anmaßenden Berliner Politik das Berliner Wappentier aufbinden zu lassen und deshalb Bier für bessere Tage zu produzieren. Die staatliche Aufsicht beim Weggießen ist übrigens entscheidend, damit wenigstens die Biersteuer

Weisheit am Zapfhahn:
Der Wirt hat uns vertröstet, die Politik verhöhnt uns

zurückerstattet wird und das Finanzamt nicht Umsätze zuschätzt.

Für diesen Verwaltungsakt fallen allerdings Gebühren an. Eine Erstattung von Verbrauchssteuern aufgrund staatlicher Verbrauchsverbote gibt es nicht zum Nulltarif. Aber es gibt auch andere Möglichkeiten: Die Klosterbrauerei Irsee verschenkte kurzerhand 2.500 Liter Fassbier an Privatleute, die sich das Bier in eigenen Behältnissen abholten, und schuf somit gegenwärtiges Freibier. Man bat lediglich um Spenden zugunsten des örtlichen Kindergartens. Craftbierbrauer aus Hamburg zwängten Hunderte von Litern ihrer Bierspezialitäten aus dem Fass in die Flasche, um es so wieder verkaufbar zu machen. Andere Brauer destillieren ihre Fassbierüberschüsse zu Bierbrand. Die Branche ist kreativ, und wie dem Trinker zerreißt es auch dem Brauer das Herz, wenn Bier unnötig vergossen wird.

Es ist nun ziemlich genau ein Jahr her, dass das neue „Verfassungsorgan“ seine Arbeit aufgenommen hat. In illustrer Runde spielt das Merkelchen mit den Ministerpräsidenten in wichtigen Videokonferenzen turnusgemäß „Candy Crush“. Der Einsatz sind unsere Freiheit und unsere Grundrechte, die sukzessive ausgehebelt und zu Privilegien für geimpfte Regierungsgefügige umgerahmt werden. Das Wolfsrudel hat das Volk fest im Fang. Statt Lockerungsdiskussionsorgien verlocken Maßnahmenexzesse, die die blutige Macht noch leckerer lecken lässt.

Führt man sich vor Augen, wie viele der anfänglichen Befürchtungen eines nahenden Totalitarismus sich binnen eines Jahres bewahrheiteten, könnte man der Verschwörungstheorie verfallen, die Politik schriebe bei Verschwörungstheoretikern ab. Beängstigend. Die vermeintliche Pandemielage macht es möglich.

Glücklicherweise äußert sich diese schlimmste Seuche seit der Pest weitestgehend durch Symptomlosigkeit. Eine Übersterblichkeit ist ganz offensichtlich nicht vorhanden. Wie den Qualitätsmedien zu entnehmen ist, haben die Corona-Maßnahmen nun sogar die Grippe ausgerottet. Wenn wir alle brav und erst einmal alle geimpft seien, so wird verkündet, dürften wir vielleicht auch wieder in den Biergarten gehen, abwechselnd an ungeraden Tagen, wenn der Geburtstag auch ungerade ist oder so ähnlich. Verstehen sollen wir, dass es die Rückkehr zur Normalität nicht geben kann, schließlich lungert die nächste, viel ansteckendere Mutante aus Lummerland, Mordor oder Pusemuckel bereits an der nächsten Straßenecke. Derweilen transformiert Deutschland zur Bundesrepublik Infantilistan. Genehmes Verhalten wie Social Distancing, Impfbereitschaft und Maskierung belohnt die Mutti mit kleinen Leckerlis, währenddessen der bayrische Landesvati zuweilen stirnrunzelnd mahnt und schimpft.

Die Politclowns wollen den Wirten die Pointe stehlen: Freiheit gibt es morgen. Aber der Witz funktioniert natürlich so nicht, weil das Bier dem Wirt gehört und nur er die Freiheit hat, es zu Freibier zu machen. Andererseits hat der Gast die Freiheit, das Lokal jederzeit zu verlassen. Der Staat aber ist auf Zwang gebaut. Alles, was er als Belohnung in Aussicht stellt, hat er zuvor gewaltsam von uns geraubt. Mit dieser Masche hat er allerhand in Besitz genommen. Eigentümer kann er niemals sein. Die Freiheit gehört uns, heute und alle Zeit.

Altbier – rheinaufwärts zu Haus

zuerst erschienen in ef 212 (Mai 2021)

Wir haben in Düsseldorf die längste Theke der Welt

Lecker: Altbier, auch „lecker Altbier" genannt

Düsseldorf – über 20 Jahre beherbergen seine (erweitert gedachten) Stadtmauern die Redaktion dieser subversiven Zeitschrift. Seine Biere spülten die fusseligen Mäuler und Köpfe der Redakteure auf eigentümliche Art frei und die längste Theke der Welt gab ihnen Halt, wenn der Genuss im Verlage zum Gelage eskalierte.

Düsseldorf ist nicht nur das Zentrum der libertären Publizistik, sondern auch des Altbiers. Eigentlich ist es eher eine obergärige Exklave im mittlerweile untergärigen Pilsland. Ein hartnäckiger Atavismus, der sich den Moden und Neuerungen der Brautechnik ganz unbewusst widersetzt, im Süden flankiert von dem ebenso obergärigen, aber verhassten Kölsch, über das wir uns – so die Götter wollen – an dieser Stelle ein anderes Mal genussvoll auslassen werden. Heute geht es nicht um die südrheinländische Nierensteinspülung, sondern um den ursprünglichen, gehaltvollen, dunklen, süß-bitteren Gerstensaft, der sich in Westfalen und vor allem in Düsseldorf gegen die Übermacht der neuen hellen und untergärigen Bierstile treu und beständig als Teil von Heimat und Identität behauptete. Und da sind wir auch schon beim Namen. Es heißt „Alt", weil es, im Verhältnis zu den anderen heutigen, andernorts viel populäreren Bieren eben tatsächlich altertümlich ist. Wenngleich sich seine heutige Brauart und Charakteristik im frühen 19. Jahrhundert herausbildete, liegt der Ursprung des Altbiers weit in der Antike. Der römische Senator und Historiker Tacitus bereiste im ausgehenden ersten Jahrhundert Westfalen und machte sich ausgiebig über die Brau- und Trinkgewohnheiten der am Rhein ansässigen Germanen lustig. Ihre Biere ähnelten „verfaultem Wein", notierte der schweigsame Geschichtsschreiber.

Diese vernichtende Beschreibung passt selbstverständlich nicht zum modernen Altbier: Man unterscheidet heute zwei Sorten, das westfälische, das auch mit einem Anteil Weizenmalz gebraut wird und im Münsterland beheimatet ist, und das rheinische Alt, das sich – vermutlich aus Marketinggründen – die Düsseldorfer Altstadt zum Zentrum gewählt hat. Es ist ein kupferbraunes, mit normalerweise rund fünf Prozent Alkohol gebrautes, moderates, bitter-süßes, gut ausgewogenes Bier mit – wie es Neudeutsch heißt – hoher „Drinkability". Neben der langen Tradition hat Altbier aber noch eine weitere Besonderheit. Es ist die Gärung selbst. Wie oben erwähnt, ist Altbier ein obergäriges Bier und wird demnach mit obergärigen Hefen vergoren. Normalerweise verläuft die obergärige Gärung relativ warm, wie zum Beispiel beim, mit dem Altbier verwandten, britischen Brown Ale. Dabei bildet die Hefe fruchtig-estrige Aromen aus. Das Altbier wird jedoch verhältnismäßig kalt vergoren und lässt daher diese Geruchsnuancen vermissen. Auch geschmacklich erinnert es eher an ein sauber gebrautes dunkles Lagerbier, das die zuweilen nussige, karamellartige Malzsüße und ausgeprägte Hopfenbittere gut ausbalanciert. Obwohl die Farbe drauf hinweist, sind Röstaromen kaum zu finden und sortenuntypisch. In vielen Brauereien verläuft die Gärung traditionell noch offen und nicht in verschlossenen Drucktanks. Und auch die Kühlung der heißen Bierwürze erfolgt bei einigen Brauern noch mittels Kühlschiffen: riesige Wannen, in die sich die unvergorene, frisch gekochte Würze zum Zwecke des Temperaturverlustes ergießt. Wenn der Brauer hier vorher nicht sauber arbeitet, kann es zu ungewünschtem Einschleichen von Fremdkeimen kommen, die ungewollte und unangenehme Aromen entwickeln.

Die Produktion des Altbiers erfolgt traditionell in den historischen Gebäuden der sechs Düsseldorfer Hausbrauereien: Schumacher, Füchschen, Uerige, Kürzer, Schlüssel und Gulasch, die im „Old Normal" alle auch sehr urige Gastronomien betrieben haben. Hier wurde das Bier vom „Köbes" noch direkt und ungespundet – also ohne Zuhilfenahme von klimaschädlichem CO2 – aus den Holzfässern in die typischen zylindrischen Altbiergläser gezapft. Nicht nur aufgrund seines Alkohols, sondern auch wegen seines verhältnismäßig hohen Hopfenanteils wirkt Altbier beruhigend. Hopfen ist eine Heilpflanze und hilft bei Angstzuständen. Neben dem normalen Altbier gibt es – zumeist saisonal – auch die traditionellen stärkeren Varianten Latzenbier, Sticke und Doppelsticke. Letzteres ist ein Altbierdoppelbock und wird von Uerige mit 8,5 Prozent Alkohol überwiegend für den amerikanischen Markt eingebraut. Die Brauart ist dieselbe. Um diese leckeren Alt-Starkbiere herzustellen, bedient man sich einer simplen Methode: Man erhöht lediglich die Malz- und Hopfenmengen. Der Beruhigungsfaktor steigt entsprechend mit. Die Altbiervielfalt wächst zudem weiter an, denn die jeher sehr handwerklichen Brauereien in der Düsseldorfer Altstadt haben auch den Craftbier-Trend aufgenommen. So gibt es mittlerweile unfiltriertes Zwickel-Alt, Grünhopfen-Alt und auch eine IPA-Version: Die „Hopfen Symphonie" von Schlüssel ist ein mit vier Hopfensorten kaltgehopftes Altbier mit 6,5 Prozent.

Das Altbiertrinken ist der Inbegriff rheinischer Geselligkeit. Man trinkt es nicht allein und ob der geringen Glasgröße selten nur eins. Nach außen verbreitet der Trinker jedoch gern den Anschein, er trinke nur schnell ein kleines Bierchen auf dem Weg nach Hause. „Dat Gläsken" wird nämlich normalerweise im Stehen genossen.

Vor allem bei Touristen sind die Altbiertouren durch die Düsseldorfer Altstadt beliebt, bei der die Hausbrauereien nacheinander abgeklappert und ihre Biere verkostet werden. Der noch Unverheiratete kann hier seinen Junggesellenabschied begehen. Die schon Beringten pirschen auf der offiziellen Altbier-Safari. Normalerweise. Ob das feuchtfröhliche, genüssliche und gesellige Altbiertrinken in der Düsseldorfer Altstadt im Drehbuch des „New Normal“ noch vorgesehen ist und wann es wieder möglich sein wird, wurde noch nicht geleakt. Immerhin ist das Verweilen wieder verordnungskonform und dem Verzehr eines „Fläschkens“ am Rheinufer steht nach derzeitigem Stand kein Schutzmann mehr im Wege.

Unlängst erstrahlte die vermeintliche Lösung in hellen Lettern am Düsseldorfer Phallussymbol der Wahrheit. Vom Dach des Landtagsgebäudes aus illuminierten sieben Projektoren den Fernsehturm mit einer sogenannten Kunstinstallation. Assoziationen zur „Lichtdom-Kunst“ von Albert Speer sind rein zufällig und nicht beabsichtigt. Im Orwell'schen Neusprech konnte das Volk die Botschaft empfangen: „Impfen gleich Freiheit“.

Zur mentalen Flucht aus dieser Dystopie müsste nun eigentlich ein Triple-Sticke hilfreich beiseitestehen. Leider wird es weder in Düsseldorf noch in anderen Teilen Deutschlands gebraut. Im fernen Wisconsin erfanden einige Craft-Brauer diese ultrastarke Altbiervariante mit 9,2 Prozent Alkohol. Altbier ist eben auch in der internationalen Craftbier-Szene durchaus ein beliebter Bierstil. Das gilt übrigens für viele deutsche Biere. Falls uns die Heimat abhanden kommt, vielleicht ein kleiner Trost. Prost!

Das Braggot – Kraftstoff des Freiheitsdrangs?

zuerst erschienen in ef 213 (Juni 2021)

Eine schottische Bier-Legende

Und wenn ihr dann in vielen Jahren sterbend in eurem Bette liegt, wärt ihr dann nicht bereit, jede Stunde einzutauschen von heute bis auf jenen Tag, um einmal nur, ein einziges Mal nur wieder hier stehen zu dürfen, um unseren Feinden zuzurufen: ‚Ja sie mögen uns das Leben nehmen, aber niemals nehmen sie uns – unsere Freiheit!'"

Dieses Zitat stammt von dem Schotten William Wallace, zumindest wurde es Mel Gibson in den Mund geschrieben, als er diesen im Film „Braveheart" darstellte. Wir erinnern uns kurz: Wallace führte den schottischen Widerstand gegen den ambitionierten englischen König Edward Longshanks an, der, nachdem er zunächst Wales unterjochte, seinen Machthunger weiter im Reich der Pikten auszuleben suchte. 1297, in der Schlacht von Stirling Bridge, fügte die überwiegend aus Fußtruppen bestehende schottische Armee einer Übermacht von englischen Rittern eine herbe Niederlage zu, die jedoch schon ein Jahr später in Falkirk gesühnt wurde. Nichtsdestotrotz steht der Name William Wallace seitdem exemplarisch für den schottischen Freiheitswillen, der nicht zuletzt in Brexit-Zeiten mittels Brüsseler Benzingaben wieder aufflammt. Der wahre Treibstoff des schottischen Freiheitswillens jedoch ist vermutlich ein anderer. „Schottland sei eine Nation von Säufern“, attestierte im Jahr 2014 der amtierende „sozial-liberale“ Ministerpräsident Alex Salmond seinem Wahlvolk.

Das schottische Nationalgetränk, das wird jedem Kind mit der Muttermilch eingetrichtert, ist der Whisky, dem Bier der nächste Verwandte im Geschlecht der Spirituosen. Aber war das auch zu Zeiten von William Wallace schon so? Die Kunst des Brennens wurde früh durch christliche Mönche entwickelt und kultiviert. Das von den Mönchen hergestellte Lebenswasser – aqua vitae – blieb aber über Jahrhunderte hinter Klostermauern weitestgehend verborgen. Whisky tritt urkundlich zuerst 1494 in schottischen Steuerunterlagen in Erscheinung. Sofern Bravehearts Herz durch Alkohol ermutigt wurde, war der Verbündete aller Wahrscheinlichkeit nach ein anderer als der Scotch. Und in der Tat ist in Schottland bereits seit der römischen Zeit ein besonderer Trank beheimatet: das Braggot.

Die Etymologie verrät bereits den Inhalt: Im Altwalisischen bedeutet „Brag“ Malz, während „Got“ die Bienenwabe bezeichnet. Es handelt sich um ein starkes obergäriges Bier, das unter Zugabe von Honig vergoren wird. Die dem Honig innewohnenden Zucker, Glukose und Fruktose, erhöhen die im Maischverfahren gewonnene Stammwürze immens und da sie von der Bierhefe vollständig verstoffwechselt werden können, liefern sie einen Großteil des Alkohols, der oft an die zehn Prozent und mehr beträgt. Wie bei allen sehr alten Bieren ist die Zutatenliste – trotz enger Verbindungen der Wittelsbacher mit dem schottischen Haus Stuart – nicht auf die des bayrischen Reinheitsgebotes beschränkt gewesen. So wurden neben Honig und Malz aus verschiedenen Getreiden ursprünglich unter anderem auch mit den lilafarbenen Blüten der Besenheide, Zimt, Gewürznelken, Ingwer und Gagel eingebraut. Insbesondere Letzterer ist bekannt für eine aromatisierende, aber auch halluzinogene Wirkung, weswegen er in vielen Ländern zur Würzung von Bieren verboten und durch den beruhigenden Hopfen ersetzt wurde. Im Wechselspiel mit dem Alkohol hat vermutlich die Rauschwirkung des Gagelstrauches den Mut, die Kraft und die Souveränität des schottischen Trinkers respektive Kriegers verstärkt und so das ausgeprägte Streben nach Freiheit dieses Volksstammes sichtbar gemacht.

Mittlerweile haben sich einige Craftbeer-Brauer diesen antiken Bierstils angenommen. Aufgrund der spärlichen Rezeptaufzeichnungen ist der Interpretationsspielraum riesig. Farblich schimmern sie von bernstein- bis kastanienbraun. Die Honignote ist prägnant, der Hopfen meist moderat eingesetzt. Die überwiegende Anzahl der modernen Braggots sind in den USA beheimatet. In deutschen Landen ist die Auswahl überschaubar. Es gibt zwar etliche Honigbiere auf dem Markt, die meisten sind jedoch außerordentlich süß, da die Gärung mittels Pasteurisation angehalten wurde. Das typische Braggot hingegen ist endvergoren, somit schlank und relativ alkohollastig. Es eignet sich daher ausgezeichnet als Vintage-Bier, das gut und gerne einige Jahre im Bierkeller reifen darf und dort auch zur Krisenvorsorge verweilen kann. Natürlich ist es auch dafür prädestiniert, die Unbill dieser Tage erträglicher zu machen. Ob im Lockdown, in der Ausgangssperre, im Testzentrum, beim Impfarzt, mit FFP2-Maske und ausreichend Abstand können wir, als höchstpersönlich von der Bundesregierung ernannte #besonderehelden, fernmündlich unseren Lieben, die sterbend in ihrem Bette liegen, zurufen: „Ja sie mögen uns die Freiheit nehmen, aber niemals nehmen sie uns das Leben!“

In Zeiten eines wie ein bösartiges Karzinom extrem mutierenden Corona-Regimes könnten alte Heilkräuter Wunder wirken. Vielleicht sollten wir zeitweise den besänftigenden Hopfen durch den couragierenden Gagel ersetzen und mutigen Herzens das wuchernde Krebsgeschwür Bevormundungsstaat abstoßen.

Frei von Alkohol

zuerst erschienen in ef 214 (Juli 2021)

Das passende Bier zur schönen neuen Welt zwischen Corona- und Klima-Lockdown

Unlängst stolperte ich über ein Zitat von Volker Pispers: „Was erwarten Sie denn noch? Ein Volk, das sich alkoholfreies Bier aufschwatzen lässt, das greift auch zu einer kompetenzfreien Regierung.“ Wenn die eigenen Abneigungen gegenüber alkoholfreiem Bier einerseits und (kompetenzfreien) Regierungen andererseits auch von einem Linken geteilt werden, sollte man das Ganze einmal reflektieren. Augenscheinlich korreliert die zunehmende Verbreitung von alkoholfreiem Bier mit der Inkompetenz der Exekutive. Wenn tatsächlich eine wechselseitige Beziehung herrschte, müssten Trinker alkoholhaltiger Biere ein glücklicheres Händchen im Auswählen von Regierungen haben. Ist das so?

Alkoholfreies Bier hat in Deutschland heute einen Marktanteil von rund sieben Prozent. Stolze 93 Prozent lassen sich den entseelten Gerstensaft offenbar nicht aufschwatzen. Und dennoch, abgesehen von einigen wenigen Ausnahmen wie zum Beispiel Ludwig Erhard, der seine Kompetenz zugunsten des Wohlstandes und der Selbstbestimmung der meisten Menschen einsetzen konnte, vermögen die meisten Mitglieder der Regierungen ihre raren Fähigkeiten allein dazu einzusetzen, das Volk zu gängeln, zu entmachten, zu enteignen, zu entmündigen und immer tiefer in die Knechtschaft zu führen. Diese, ihre Kernkompetenz, haben sie indes zur Perfektion gebracht.

Die ersten Versuche, alkoholfreies beziehungsweise alkoholarmes Bier herzustellen, gehen auf die Abstinenzbewegung zurück. Während der Prohibition brachten US-Brauer Bier mit 0,5 Prozent Alkohol auf den Markt. Ein Schwellenwert, der mittlerweile auch in Deutschland das alkoholfreie „Bier“ vom alkoholhaltigen trennt. Diese „Biere“ überlebten jedoch den Wegfall ihrer Protektion durch Aufhebung des Verbots echter Biere nicht. Über Dekaden blieb die Menschheit davon unbehelligt.

Während bis dato die Verfahren der gestoppten Gärung und der Entzug von Ethanol durch Vakuumdestillation oder eine Kombination aus beiden angewandt wurde, brachte 1967 der Zürcher Braumeister Hans Hürlimann ein Bier mit weniger als 0,5 Prozent Alkoholgehalt auf den Schweizer Markt, das mit einer speziellen, neuartigen Hefe vergoren wurde. Diese produziert bei der Vergärung verhältnismäßig geringe Mengen Alkohol. Staatliche Intervention beflügelte den Absatz des „Birells“ über die Grenzen der Eidgenossenschaft hinaus. 1973 wurde die Promillegrenze für Autofahrer in Westdeutschland von 1,5 auf 0,8 herabgesetzt und die alkoholfreien „Biere“ gewannen zunehmend Marktanteile. Das wohl in Deutschland bekannteste alkoholfreie Bier, Clausthaler, erblickte 1978 erstmalig den westdeutschen Markt. In der DDR, wo sogar 0,0 Promille herrschten, erb(r)auten fürsorgliche Braumeister Hand in Hand mit sozialistischen Werbetextern das „AUBI“, das AUtofahrerBIer für den gutgelaunten, klardenkenden Trabbifahrer. Unter dem Namen „Foxy

Light“ verbreitete sich das AUBI sogar als exportschlagender Devisenbringer im US-Staat Michigan.

Heute finden wir eine riesige Auswahl von alkoholfreien Bieren und Bier-Mischgetränken. Alkoholfreie Weizenbiere seien isotonisch und somit das perfekte Sportlergetränk, erklärt uns die Werbung. Es gibt mittlerweile alkoholfreie Varianten verschiedenster Bierstile: Helles, Alt, Kölsch und so weiter. Diese Biere werden nicht nur um ihren intrinsischen Wert beraubt. Zuweilen werden sie mit künstlichen Aromazugaben wie zum Beispiel Zitrone oder Grapefruit verunreinigt.

Gleichwohl alkoholfreie Biere heutzutage mit sehr ausgetüftelten Methoden und allerhand technischer Raffinesse erzeugt werden, ist bei den allermeisten ein aufdringlicher süßlich-malziger Geschmack unverkennbar präsent. Es ist das typische Aroma von unvergorener Bierwürze, die sie von den alkoholhaltigen endvergorenen und fertigen Bieren unterscheidet und jeden ehrbaren Brauer und viele „ehrliche“ Biertrinker erschaudern lässt. Man kann die Unfertigkeit, die Inkompetenz dieser „Biere“ förmlich riechen. Eine Ausnahme bilden hier einige alkoholfreie Craftbeer-Spielarten. Die frankophone Huldigung des AUBI, das „Le Chauffeur“ des Nittenauer Brauhauses, sei hier zu nennen – ein alkoholfreies India Pale Ale, bei dem die Aromen der Kalthopfung den immanenten malzigen Würzegeschmack wie ein Parfüm übertünchen.

Natürlich haben aber auch alkoholfreie Biere ihre Berechtigung, sonst würden sie ja in einer Marktwirtschaft nicht bestehen. Bekanntlich ist Alkohol eine Droge, ein Gift, das nicht bei allen Menschen gleichermaßen gut oder schlecht wirkt. Wer Alkohol meiden will, aber die Geselligkeit des gemeinsamen Biertrinkens nicht missen mag, dem ist mit einem alkoholfreien Gerstensaft ein guter Dienst erwiesen.

Unlängst durften wir lernen, dass böse Krankheitserreger gezielt auf alkoholaffine Biertrinker Jagd machen. Selbst im bezüglich Corona relativ liberalen Schweden wurde daher der Bierausschank nach 20 Uhr auf alkoholfreie Sorten beschränkt. In pandemischen Epochen ist das dem alkoholfreien Bier entzogene Ethanol ohnehin eine lebensnotwendige Substanz, um sich die Viren von den Händen zu waschen. Wenn die Inzidenzwerte weiter steigen, wird eine flächendeckende Konfiszierung der Alkoholgehalte sämtlicher Biere vielleicht unumgänglich sein.

Apropos Corona: Der eingangs zitierte Volker Pispers arbeitete sich offenbar ausgiebig am alkoholfreien Bier ab und entwickelte dabei sogar seherische Fähigkeiten, als er verkündete: „Ein Volk, das mit alkoholfreiem Bier so prima klarkommt, wird irgendwann auch mit sauerstofffreier Luft klarkommen." Der Konsum von alkoholfreiem Bier im Zusammenspiel mit der CO2-Anreicherung unter unseren solidarischen FFP2-Masken ist für jeden Volksgenossen das perfekte Trainingslager, um alsbald der drohenden Sauerstoffreduktion durch den nahenden Klimatod tapfer entgegenzutreten. Der so erlangte Sauerstoffmangel substituiert die fehlende Rauschwirkung des Ethanols und macht die Kompetenzfreiheit unserer Politiker gleichermaßen erträglich.

Session IPA
– die süffig-hopfige Leichtigkeit

zuerst erschienen in ef 215 (Aug./Sep. 2021)

Bier für den Sommer

Nachdem wir uns im letzten Heft am Alkoholfreien abmühten, soll es hier und heute einmal mehr wieder um Bier gehen. Schließlich ist Sommer und Global Warming und den Kehlen (und Seelen) der meteorologisch-klimatisch Gequälten dürstet es nach Erlös(ch)ung. Damit der Weg in den Sommerrausch jedoch langanhaltend genussvoll bleibt, empfehlen sich leichtere Biere, die trotz erhöhter Sonneneinstrahlung – was macht eigentlich das Ozonloch? – nicht allzu schnell zu Kopfe steigen. Die von den Austrians so oft zitierte Zeitpräferenz kommt hier unweigerlich zutage: Dem ambitionierten Trinker dürstet es nach schneller Befriedigung seiner Rauschlust und er handelt entsprechend. Das Preis-Breitungs-Verhältnis des Getränks ist hoch, der Geschmack nebensächlich. Zeitraubende Prozedere wie zum Beispiel umständliches Einschenken in ein stilvolles Glas entfällt. Blitznebel im Kopf ist die Destination.

Für den genussvollen Trinker hingegen ist es der Weg. Vielfältig und zuweilen unbekannt sind die Etappen seines abendlichen Verzehrplans. Crescendo angelegt, ausgetüftelt die Speisekombination, wohltemperiert und stilvoll serviert, taucht er mit allen Sinnen ein in die See der genussvollen Entspannung. Die Intention ist nicht die schnelle Trunkenheit, sondern eine möglichst langwährende und nachklingende, interessante Genussreise, vorzugsweise in guter Gesellschaft. Denn, wie im Wirtschaftsleben die der Sparer, wird die Geduld des langsamen Trinkers durch einen Zins belohnt: die Genusserfahrung.

Als Biertrinker bietet sich mittlerweile dank des Craftbeer-Trends eine schier unendliche Vielfalt, die man allabendlich ergründen kann. Viele Craftbiere sind jedoch eher schwere Artillerie: scheppernde Alkoholbomben, überladene Hopfengeschütze oder mastige Malzladungen. Das mag an kühleren Tagen gar nicht unpassend sein, in der Sommerhitze führt es aber unweigerlich zur Genussverkürzung. Glücklicherweise haben die innovativen Craftbrauer eine Abhilfe entwickelt: das Session IPA.

IPA steht für India Pale Ale (*siehe Seite 23 ff.*), ein obergärig vergorenes, normalerweise stärkeres Bier, das mittels Kalthopfung eine markante, fruchtige, blumige oder kräuterige Aromatik entwickelt. Es ist „der“ Craft-Bierstil schlechthin. Wohl jede trendige Handwerksbrauerei hat mindestens ein IPA im Sortiment.

Aber was unterscheidet ein IPA von einem Session IPA? Zuvörderst ist es ein verhältnismäßig geringer Alkoholgehalt. Session-Biere sind leicht eingebraut. Sie rinnen, da gut trinkbar, problemlos die Kehle hinab. Die Bandbreite reicht normalerweise von drei Prozent bis 4,5 Prozent Alkohol.

Der Begriff „Session“ geht auf die restriktiv geregelten Trinkzeiten, „Drinking Sessions“, für britische Arbeiter in den Waffen- und Munitionsfabriken des Ersten Weltkrieges zurück. Um die Arbeiter gleichermaßen motiviert und produktiv zu halten, gab es von der Regierung zwei strikt kontrollierte Trinkkorridore von jeweils vier Stunden am Tag. Die erlaubte Trinkzeit lag normalerweise zwischen 11 und 15 Uhr und zwischen 19 und 23 Uhr – eigentlich eine ausreichende Zeitspanne, sich mit sieben, acht Pints einen tüchtigen Rausch anzutrinken. Ausgeschenkt wurden jedoch nur Leichtbiere, die „Session Ales", englische Milds oder Bitters zwischen drei und vier Prozent Alkoholgehalt. Die regulierten Öffnungszeiten hatten in England und Wales übrigens bis 1988 Bestand und wurden dann durch den Liquor Licensing Act ersetzt, der die beiden Sessions miteinander verband und den Pubs nun gestattet, von 11 Uhr morgens bis 11 Uhr abends aufzusperren.

Das Session IPA erfreut sich zunehmender Beliebtheit. Es ist ein ideales Sommerbier und konkurriert in Bezug auf die Aufrechterhaltung der Fahrtüchtigkeit mit Radler oder Alkoholfreiem, ist aber ein echtes Bier mit der typischen hopfenfruchtigen Aromatik eines IPAs. Auch hier finden sich vorzugsweise Aromen von Zitrus, Grapefruit und Maracuja, die von den verzauberten Hopfensorten des amerikanischen Yakima Valleys erzeugt werden.

Da die meisten Craftbrauer großen Wert auf Natürlichkeit legen, sind Session IPAs normalerweise unfiltriert und nicht pasteurisiert. Die Haltbarkeit liegt oft nur bei wenigen Wochen. Diese Biere sollten also möglichst frisch genossen werden. Als Behältnis dienen vorzugsweise braune Glasflaschen, besser noch Dosen, um den empfindlichen Gerstensaft weitestgehend vor UV-Strahlung zu schützen.

Man könnte meinen, beim kleinen Bruder des IPAs handelte es sich um das gleiche Bier, bei dem einfach weniger Malzschüttung verwendet würde. Dem ist jedoch nicht so. Durch den deutlich geringeren Alkoholgehalt verschieben sich alle Parameter, was bei der Produktneuentwicklung durch den Brauer berücksichtigt werden muss. Das Bier muss komplett neu kalibriert werden. Ansonsten fehlt einer übermächtigen Bittere sowie dem Hopfenaroma der Gegenspieler Alkohol und dadurch bedingt auch Körper, also unvergorener Restextrakt. Die Biere wären unausgewogen, da viel zu hopfenlastig. Das ginge natürlich zulasten der „Drinkability", die bei diesem Bierstil immanent wichtig ist. Ohne sie hätte es keine Daseinsberechtigung. Weil der Alkoholgehalt so gering ist, muss das Bier umso besser schmecken. Andernfalls wäre nicht nur die oben erwähnte Genussverzinsung perdu; in Bezug auf den bereits erlangten „angesparten" Blutalkoholwert könnte sich sogar ein inflatorischer Effekt bemerkbar machen. Schließlich baut unsere Leber je nach Körpergröße 0,1 bis 0,2 Promille Alkohol pro Stunde ab und wirkt somit auf den Blutalkoholwert wie die EZB auf den Wert von Bargeld und Spareinlagen.

Im Märzen der Brauer die Fässchen befüllt!

zuerst erschienen in ef 216 (Oktober 2021)

Wie eine süddeutsche Spezialität in Österreich verwässert wurde

In diesem Jahr lernten wir sie noch inniger zu lieben als zuvor: unsere Biergärten. Während der Schnitter die Gäste der Innengastronomie mittels virenschwangerer, hochinfektiöser Aerosole – immerhin weitestgehend symptomlos – dahinraffte, konnte sogar der ungeimpfte sozialschädliche Freilufttrinker im Biergarten unbehelligt seinen Humpen stemmen. Besonnen produzierte seine Haut dabei das für die Pharmaindustrie so giftige Vitamin D, zumindest wenn er nicht von den Klimawandel abschirmenden, kühlenden Kastanien beschattet wurde. Um die Wirkung dieser Wunderbäume wussten bereits die Brauer der Renaissance, und so pflanzten sie die flachwurzelnden Schattenspender über ihre Felsenkeller, in denen das letzte Wintergebräu, das Märzenbier, eingelagert wurde. Es musste möglichst lange kühl und somit frisch und genießbar gehalten werden, denn die Obrigkeit verbot das Bierbrauen in den Sommermonaten. Das Märzen wurde daher üblicherweise stärker eingebraut und stärker gehopft als andere Biere. Eine höhere Stammwürze, früher bei rund 15 Grad, heute bei mindestens 13 Grad, führt zwangsläufig zu einem höheren, konservierenden Alkoholgehalt. Die antibakterielle Wirkung des Hopfens schützte gegen unliebsame Fremdkeime, und die niedrige Gär- und Lagertemperatur – oft wurden die kühlen Keller zusätzlich mit Blöcken aus Natureis bestückt – unterstützte diesen Effekt, verlangsamte die Bieralterung und führte zu einer robusten Reifung des kostbaren Gerstensaftes.

Gegen Ende des Sommers, als die Ernte weitestgehend eingefahren war, begann der Brauer mit dem Ausschank im Biergarten über seinem Fasskeller. In Absprache mit den anderen Mitgliedern der Brauerzunft wurde aber immer nur ein Keller in einem festgelegten Gebiet geöffnet und seine Inhalte alsdann schleunigst ausgetrunken. Erst als der vorherige Bierkeller vollends geleert war, lud der nächste Biersieder zum Anstich. Wann welcher Braumeister seinen Keller aufschließen durfte, entschied ein undemokratisches Losverfahren. Da jeweils nur ein Brauer zu einer Zeit den Wirt spielte, während die anderen noch bei der Ernte mithelfen konnten, war diese arbeitsteilige Schankchronologie für alle Beteiligten ökonomisch sinnvoll. Aus Konsumentensicht handelte es sich jedoch offensichtlich um ein Kartell, und der Trinker musste zwangsläufig die aktuell ausgeschenkte Bierqualität zu dem geforderten Preis akzeptieren, wenn die Kehle nicht trocken bleiben sollte.

Das Märzenbier ist ein typischer Vertreter der Lagerbiere. Es bewegt sich in Bezug auf Alkoholgehalt, Bittere und Restsüße grob gesagt zwischen Pils und Bockbier. Traditionell ist es in Bayern, Franken, im angrenzenden Thüringen und in Österreich beheimatet, findet jedoch auch immer mehr Anklang bei Bierenthusiasten rund um den Erdball und ist durchaus auch bei internationalen Craftbrauern ein bekannter und anerkannter Bierstil.

Seine engsten Verwandten sind das Export, das Wiener Lager (*siehe Seite 87 ff.*) und natürlich das Oktoberfestbier (*Seite 27 ff.*), das eine Spielart des Festmärzens ist. Märzenbier ist bernsteinfarben und hat einen ausgeprägten Malzcharakter, der jedoch nicht zu aufdringlich und süßlich daherkommt. Verwendet werden üblicherweise milde Hopfensorten, die die Malzaromatik unterstützend begleiten, anstatt einen markanten Gegenpol zu ihm zu bilden. Aufgrund seines höheren Rohstoffanteils, seiner langen Lagerzeit und der Verwendung als besonderes Festbier bei Erntedankfeiern, Hochzeiten, zur Kirchweih und auf dem Oktoberfest galten Märzenbiere neben den Bockbieren als edlere und prestigeträchtigere Biere.

Die beschriebenen Merkmale gelten nur für die deutsche Variante des Bierstils. In Österreich herrschen zumindest seit gut 70 Jahren ganz andere Maßstäbe. Während das Märzenbier in Deutschland eher ein Außenseiterdasein fristet, ist es in der Alpenrepublik der beliebteste Bierstil schlechthin. Das dortige Märzen unterscheidet sich von dem deutschen und international bekannten Bier gewaltig. Es ähnelt eher dem bayrischen Hellen, neudeutsch würde man vielleicht von einem „Märzen Light" sprechen. Schuld daran ist eine staatliche Intervention kurz nach dem Zweiten Weltkrieg. Um die Wähler der jungen Nachkriegsrepublik nicht zu vergraulen, diktierte die Politik gesetzliche Höchstpreise für wichtige Konsumgüter. Die „Modern Monetary Theory" war noch nicht erfunden, das Geld war knapp. Die sozialistischen Arbeitervertreter forderten daher eine Preisobergrenze auch für das edle Märzenbier, damit ihre ärmlichen Genossen ebenfalls in den

Genuss eines besonders guten Bieres kommen konnten. Dies Begehr ist nachvollziehbar und verständlich. Sogar die österreichischen Brauer stimmten zu, allerdings – damit sie nicht selbst in Not gerieten – unter der Bedingung, dass das Märzenbier fortan deutlich schwächer eingebraut werden durfte.

Während Ludwig Erhard die Preise in Westdeutschland befreite, bündelte sich alle staatliche Weisheit im Hauptausschuss des Österreichischen Nationalrates und nahm sich der Preisregulierung an. Dort wusste man nicht nur, wie teuer Bier sein durfte. Auch die Preise für Milch, Brot, Zigaretten und vieles mehr wurden auf demokratischem Wege erkämpft und fixiert. Nicht ohne Grund, so könnte man meinen, zieren Hammer und Sichel das Wappen der Ostmark. Der Neidspruch „Tu felix Austria“ gilt offenbar nicht universal, und natürlich kam, was kommen musste: Das einst hochgeschätzte, edle Märzenbier verkam in Österreich zur billigen Massenware. Dank der damaligen Preisdiktatur spült es seitdem die Nieren des Proletariats.

Auf den Spuren von Arthur Guinness

zuerst erschienen in ef 217 (November 2021)

Stout – mit spezieller Röstung und weitem Horizont zum Erfolg

Die britische Aktiengesellschaft Diageo ist einer der größten Alkoholproduzenten der Welt. Das Portfolio umfasst berühmte Marken wie Baileys, Johnny Walker, Lagavulin, Tanqueray und Gordon's Gin, Smirnoff Wodka. Seit 1997 gehört zu diesem Konzern auch die weltbekannte irische Traditionsbrauerei Guinness. Hier im Singular zu sprechen ist eigentlich grundfalsch, denn dieses Stout wird in beinahe 50 Ländern der Welt gebraut, in 120 Staaten vertrieben und jedes Jahr stürzt es in über einer Milliarde Kehlen kühlend hinab. Die Marke selbst ist zum Wahrzeichen Irlands geworden und verwendet gleichermaßen sein Wahrzeichen als Firmensymbol: die Harfe.

Gegründet wurde die Brauerei im Jahre 1759 in Dublin von Arthur Guinness, der ursprünglich helles Ale braute. Das war in Irland seinerzeit das beliebteste Bier. Ab 1778 begann Guinness mit der Produktion einer eigenen Variante des immer populärer werdenden englischen Porters, ein stärkeres, dunkles, malzbetontes Ale. Das Porter leitete seinen Namen aus seiner Bestimmung ab: Die Porter waren in den Häfen des britischen Empires schuftende Tagelöhner, die sich mit diesem Trank bei Kräften und guter Laune hielten.

Über die Jahre entwickelte Artur Guinness sein Stout Porter sukzessive zu einem eigenständigen Bier weiter. Statt ausschließlich Röstmalz zu verbrauen, verwendete er auch größere Anteile unvermälzter, aber zuvor gerösteter Gerste, die mehr Röstaromen und zudem eine Bitternote ins Bier liefert, die ergänzend zur Hopfenbittere für den typisch trockenen, bitteren Abgang des Dry Stouts verantwortlich ist.

Ein cremebrauner, feinporigerer und dauerhafter Schaumteppich auf der Oberfläche ist ebenfalls das Verdienst von Röstgerste. Seit einigen Jahren wird die qualitätsstiftende cremige Schaumkonsistenz durch technische Finesse unterstützt. Während die meisten Fassbiere nämlich ausschließlich mithilfe von CO2-Gas gezapft werden, treibt das Guinness Draught nunmehr ein Gasgemisch aus 70 Prozent Stickstoff und lediglich 30 Prozent Kohlendioxid aus dem Fass. Guinnesstrinker konsumieren also beinahe klimagerecht. Um die gleiche Schaumqualität auch im Dosen-Guinness zu gewährleisten, werden in diese vor der Abfüllung sogenannte „floating widgets" hineingegeben. Das sind circa drei Zentimeter große, unter großem Druck mit Stickstoff befüllte Plastikkügelchen, die beim Öffnen der Dose anfangen, sukzessive Stickstoff ins Bier abzugeben. Auf diese Weise sorgen sie für eine kontinuierliche feinperlige Schaumproduktion.

„Stout" bedeutet stämmig, kräftig, korpulent – und das frühe Guinness war, verglichen mit den damaligen Bieren und vor allem dem verwandten Porter, in der Tat relativ stark und gehaltvoll. Eine Stammwürze von etwa 18 Prozent erbrachte einem Alkoholgehalt von rund acht Prozent.

Das heutige Guinness mit seinen bummeligen 4,2 Prozent wirkt verglichen damit wie ein Leichtgewicht und würde wohl niemanden zu dieser Namensgebung verleiten. Es gibt aber auch aus heutiger Sicht „normale“ Stouts mit bis zu sechs Prozent Alkohol und etliche Starkbiervariationen, die an das ursprüngliche Stout anklingen. Guinness selbst hat noch immer das Foreign Extra Stout mit 7,5 Prozent Alkohol im Sortiment, das für rund 45 Prozent des gesamten Brauereiausstoßes verantwortlich ist. Die berühmteste Abwandlung ist vermutlich das Russian Imperial Stout, das sich in einem Alkoholbereich von neun bis 13 Prozent bewegt und naturgemäß ein sehr robustes Bier ist, das sich hervorragend zur Holzfasslagerung eignet.

Neben dem für das Stout typischen Röstaroma gesellen sich oft weitere Geschmacksnuancen hinzu: dunkle Schokolade, Lakritz, Sauerkirschen und Kaffee sind beim aufmerksamen Hineinschmecken erkostbar. Der interessierte Genussneugierige kann zudem weitere Spielarten dieses Bierstils erkunden: Milk Stout, Coffee Stout, Oatmeal Stout, Belgian Styled Stout sind die eher traditionelleren Abkömmlinge. Der Experimentierfreude der Brauerzunft ist scheinbar auch hier keine Grenze gesetzt. So gibt es Vanilla, Chocolate und Pastry Stouts. Bereits im Jahr 1929 wurde von der neuseeländischen Brauerei Young & Son Portsmouth Brewery ein Oyster Stout auf den Markt gebracht, in dem frische Austern mitverbraut werden. Das klingt im ersten Moment befremdlich. Beim Thema Foodpairing ist das Stout jedoch seit jeher ein idealer Begleiter zu Fisch und Meeresfruchtgerichten. Das Herunterspülen von rohen Austern mit einem Stout war im britischen

Empire und in den USA im 19. Jahrhundert eine beliebte Speisenkombination.

Arthur Guinness hätte diese evolutionäre Vielfalt des von ihm kreierten Bierstils wahrscheinlich gefallen. Obwohl irischer Protestant, zeugte er mit seiner Frau Olivia 21 Abkömmlinge, von denen jedoch nur zehn das Erwachsenenalter erreichten. Drei seiner Söhne erlernten den Beruf des Brauers und sicherten den Fortbestand der Guinness-Dynastie. Bereits 1833 war die Brauerei die größte Irlands. 1886 brachte Arthurs Urenkel Edward das Unternehmen an die Börse. Der Wert wurde mit über neun Millionen Pfund taxiert, das entspricht heute ungefähr 320 Milliarden US-Dollar. Die Guinness-Aktie stieg am ersten Handelstag um 60 Prozent.

Das Imperium des Arthur Guinness fußte auf seinem Unternehmergeist, seinem kaufmännischen Geschick und seinen Weitblick, gepaart mit grenzenlosem Optimismus. Seine Brauerkarriere begann er als hemdsärmeliger Selfmademan in Leixlip im County Kildare. Das Bierbrauen war eine notwendige Nebentätigkeit seines Vaters, das Arthur sich nur zufällig angeeignet hatte. Eine kleine Erbschaft ermöglichte ihm den Kauf einer ersten eigenen Braustätte. Seine offenen Augen und Ohren aber brachten ihn nach Dublin, wo er am St. James‘s Gate eine einfache Brauerei auf 16.000 Quadratmetern Grund pachtete. Vereinbart wurde ein jährlicher Pachtzins in Höhe von 45 Pfund. Das entspricht heute ungefähr 5.000 Euro. Die Pachtdauer betrug ganze 9.000 Jahre! Aufgrund der Goldbindung des Pfundes gab es im 18. Jahrhundert keine nennenswerte Geldentwertung. Eine Inflationsklausel wurde daher nicht eingefügt, und der Pachtvertrag würde eigentlich bis zum Jahre 10.759 unverändert weiterlaufen, hätte die Brauerei das Grundstück nicht längst erworben.

Wer dynastisch denkt, hat eine geringere Zeitpräferenz. Er schlägt für seine Nachkommen breite Breschen für ihren Weg zu einem weiteren Horizont.

Schwergewichte aus dem Holzfass

zuerst erschienen in ef 218 (Dezember 2021)

Barrel Aged Beers – die komplexe Art des vollendeten Biergenusses

Bier wird oft als Alltagsgetränk belächelt. Das Gesöff des kleinen Mannes. Ein vortrefflicher Durstlöscher, ja. Ein geselliger Kamerad, oft. Aber eben nichts Besonderes, nichts von Dauer, nichts zum Aufsparen für einen feierlichen Moment, kurzum: nicht von Adel, wie so manche andere geistige Getränke, die in der vermeintlich ersten Genussliga mitspielen und deshalb oft zu besonderen Anlässen kredenzt werden. Jedermann weiß, dass edle Weine wie Bordeaux, Port und Sherry oder teure Destillate, sei es Rum, Cognac, Obstbrand oder natürlich Whisky, erst durch eine lange Lagerung im Holzfass den entscheidenden Ritterschlag erhalten, um in einem glanzvollen Moment im Glas mitglänzen zu dürfen. Dass dies auch undestilliertem Gerstensaft widerfahren kann, diese Erkenntnis ist hingegen nicht so weitverbreitet.

Bereits in der Antike benutzte man Holzfässer zur Lagerung und zum sicheren Transport von Getränken. Das gilt natürlich auch für Bier, das sich jedoch in zwei Merkmalen von Wein und Spirituosen unterscheidet. Zum einen hat es normalerweise deutlich weniger Alkohol. Das macht es anfällig für Fremdkeime, die sich allenthalben im Holzfass befinden. Zum anderen sollte Bier – zumindest aus der Sicht heutiger Konsumenten – rezent sein,

„Je oller, je doller“:
Vollendete Biere nach der Fasslagerung

also Kohlensäure enthalten. Letztere entbindet sich bei druckloser Lagerung und höheren Temperaturen oder Erschütterungen leicht. Das Bier wird schal.

Damit sich die Holzfässer für die Bierlagerung etwas besser eigneten, wurden sie gepecht, also von innen mit flüssigem Teer ausgeschwenkt. Das bewirkte jedoch, dass die Biere nicht mehr mit dem Holz interagieren konnten. Bei Pils, Hellem und Weißbier war das durchaus erwünscht. Diese Fässer fanden bis in die 1970er Jahre noch Verwendung. Dann wurden sie schließlich durch billigere, pflegeleichtere und beständigere Behältnisse aus Aluminium oder Edelstahl ersetzt. Ein großer Vorteil dieser KEGs ist, dass sie druckfest sind, sich also kein klimaschädliches CO2 unkontrolliert aus dem Bier entbindet. Erst das garantiert perlig-frischen Biergenuss aus dem Zapfhahn. Wer schon einmal in einem englischen Pub ein traditionelles Real Ale verzehrte, kann gut nachvollziehen, wie wenig spritzig auch bei uns das herkömmliche Fassbier gewesen sein muss. Dieses Bier wird drucklos gelagert und vom Wirt per Hand aus dem Fass gepumpt.

Mit dem Auftauchen der Craftbeer-Bewegung hat auch die Holzfasslagerung von Bier eine Renaissance erfahren. Die kreativen, neugierigen Brauer experimentieren zumeist mit vorbelegten Whisky-, Rum- oder Dessertweinfässern, die natürlich nicht nur Holzaromen abgeben, sondern auch die Aromatik des zuvor darin verweilenden Getränkes. Das wiederum ruft zum Beispiel enthusiastische Whiskytrinker und -sammler auf den Plan, die sich für diese Biere interessieren und, weil Gaumen und Zunge bereits geschult sind, die feinen Nuancen erleben und sie zu schätzen wissen. Je schneller das Fass mit Bier gefüllt wird, desto mehr ist von der vorherigen Befüllung präsent.

Für Destillate liegt der optimale Alkoholgehalt bei der Fasslagerung bei rund 60 Prozent Volumenalkohol. Wenn das Fass nach der Entleerung unmittelbar wieder mit Bier gefüllt wird, zieht Alkohol, der die Fassdauben tief getränkt hat, ins Bier, um das Alkoholgefälle auszugleichen. Je nach Destillat, Biersorte und vor allem Fassgröße kann das Bier dadurch einige Volumenprozent hinzugewinnen. Da sich ohnehin nur Biere mit höherem Alkoholgehalt für die Fasslagerung eignen, haben fassgelagerte Biere bei der Abfüllung oft deutlich über zehn Prozent und sind in dieser Hinsicht durchaus mit Weinen vergleichbar. Diese Biere sind sehr robust und eignen sich für eine mehrjährige Einlagerung im dunklen, kühlen Bierkeller.

Naturgemäß ist die Aromatik bei diesen Barrel-Aged-Bieren sehr komplex und unterschiedlich. Jedes Holzfass ist einzigartig und gibt entsprechend unterschiedliche Aromen an das Bier ab. Erheblich ist dabei natürlich, welches Getränk vorher im Fass lagerte. Auch wenn nur stärkere Biere verwendet werden sollten, hat der Brauer dennoch eine riesige Bandbreite: klassische deutsche Starkbierstile wie Bockbier, Doppelbock, Eisbock oder Weizenbock, englische Ales wie das Imperial Stout, Strong Ale, Double IPAs, belgische Triples oder Dubbels und noch viele mehr eignen sich grundsätzlich für die Veredelung im Holzfass und sorgen für die maßgebliche geschmackliche Prägung. Das Holz des Fasses selbst ist zudem auch bei der Zweitbelegung nicht ganz untätig. Beispielsweise sorgen Fässer aus amerikanischer Eiche, üblicherweise vorbelegt mit Bourbon oder Tequila, für einen leichten laktischen, also milchartigen Ton, der hervorragend mit Imperial Stouts und Doppelböcken harmoniert und sie im Abgang abrundet.

Die Entwicklung der Fassreifung muss regelmäßig sensorisch beobachtet werden. Das hört sich verlockend an, ist aber für beteiligte Brauer und Biersommeliers harte Arbeit und erfordert einen geübten Gaumen und viel Erfahrung. Verkostet wird normalerwiese morgens, da Geruchs- und Geschmackssinn dann vom Tagesgeschehen weitestgehend unverfälscht und am sensibelsten sind. Bei der Lagerung durchläuft das Bier qualitativ eine sich zunächst aufbauende, dann abflachende Sinuskurve und es gilt, die geschmacklich höchsten Peaks genau abzupassen, sodann die Fassreifung abzubrechen und den Zaubertrank auf Flasche zu ziehen, natürlich nicht ohne ihn vorher mit CO2 anzureichern und somit von seiner Schalheit zu erlösen.

Die Fässer sollten höchstens zweimal mit Bier belegt werden. Dann sind sie ausgelaugt und enden zumeist als Deko oder Regentonne im Garten. Im alten Griechenland sollen sich auch schon besserwisserische Landstreicher häuslich darin eingerichtet haben. Möglicherweise offenbart sich hier eine Lösung für den planwirtschaftlich organisierten Wohnraummangel in unseren beliebten Metropolen.

Zuweilen werden die Fässer jedoch auch wieder mit Destillat belegt und damit wird es dann richtig sustainable. Immer beliebter wird das Finishing von Whiskys, die nach der eigentlichen langanhaltenden Reife im (zumeist) vorbelegten Bourbon-Fass dann noch einmal einen Feinschliff beispielsweise in Rotwein, Port- oder Sherry-Fässern bekommen. Zunehmend rücken auch vorbelegte Bierfässer in den Fokus der Finisher und so könnte eine Belegungsreihenfolge folgendermaßen aussehen: 1st Fill: Bourbon Whisky – 2nd Fill: Single Malt Highland Scotch – 3rd Fill: Imperial Stout Bier – 4th Fill: Single Malt Islay Scotch (Finishing) – 5th Fill: Regenwasser beziehungsweise Diogenes und Co.

Holzfassgelagerte Biere sind eine noch nicht sehr verbreitete Spezialität. Es sind naturgemäß immer Kleinstauflagen und -serien, und selbst wenn eine Brauerei dauerhaft zum Beispiel einen Bourbonbock anbietet, ist dieser von Charge zu Charge unterschiedlich. Vor dem Gaumen des neugierigen Bierfreundes breitet sich also eine ausgiebige Genusslandschaft aus, die es zu erwandern gilt. Wann immer ein holzfassgereiftes Bier den Wanderweg kreuzt, sollte man es freudig begrüßen und verinnerlichen. Gefällt es Ihnen, horten Sie ruhig ein paar Flaschen für besondere Anlässe, die – und da bin ich zuversichtlich – zukünftig zunehmen werden.

Lück muss der Mensch haben

zuerst erschienen in ef 219 (Jan./Feb. 2022)

Aufstieg, Ende und Nachklang eines Traditionshauses

Bierliebhaber außerhalb Deutschlands, aber auch aus den norddeutschen Gefilden beneiden oft die süddeutsche, vor allem die bayrische und fränkische Bierkultur. Franken hat die größte Brauereidichte der Welt. Traditionelle Braukunst hat dort in Hunderten von kleinen familienbetriebenen Gasthausbrauereien überlebt. Viele dieser historischen Mikro-Brauereien sind zugleich Gastwirtschaften, Herbergen, und nicht selten betreibt der Brauer im Nebenerwerb auch noch Landwirtschaft. Vermutlich ist dies der im süddeutschen Raum vorherrschenden Realteilung geschuldet, bei dem die Höfe zu gleichen Teilen unter allen Erben aufgeteilt wurden. Irgendwann war der Hof so klein, dass er die Familie allein nicht mehr ernähren konnte. Es mussten andere Einnahmequellen gefunden werden. Bierproduktion in Verbindung mit Speise- und Schankwirtschaft ist die naheliegende, konsequente Nutzung der landwirtschaftlichen Wertschöpfungskette. Offensichtlich hat diese über Jahrhunderte gefahrene Mehrgleisigkeit das Überleben vieler kleiner Brauereien erfolgreich gesichert und mit ihr eine große Vielfalt und lebendige Bierkultur erhalten.

Auch in Norddeutschland gab es spätestens seit dem Hochmittelalter unzählige Brauereien; ihre Anzahl ist allerdings stetig rückläufig. Zur Zeit der Hanse war Bier

Grundnahrungsmittel sowie Hauptexportgut, und es war verhältnismäßig rein und frei von Keimen, da es gekocht und durch die antibakterielle Wirkung von Alkohol und den Alphasäuren des Hopfens relativ lange haltbar blieb. Bierbrauen ist die perfekte Methode, nahrhaftes Getreide zu konservieren und zu einem gesunden, gehalt- und genussvollen Konsumgut zu transformieren.

Aufgrund der relativ hohen Konsum- und Exportnachfrage nach Bier entstanden in den Hansestädten verhältnismäßig große, in Handwerkszünften organisierte Brauhäuser, die sich arbeitsteilig ausschließlich der Bierproduktion verschrieben hatten. Auch hier bildete sich eine regionale Vielfalt heraus: Unter anderem braute man in Hamburg Weizenbier, in Braunschweig die Mumme und in Lübeck das Braunbier. Mit dem Niedergang der Hanse brach zwar der Export weitestgehend weg, die protektionistischen mittelalterlichen Brauordnungen hielten sich jedoch bis weit in die Neuzeit. So wurden sie in Lübeck erst im Jahr 1864 abgeschafft und erst jetzt waren industrielle Brauereineugründungen weitestgehend ohne behindernde zünftische Traditionen möglich.

Gerade rechtzeitig, möchte man meinen, denn Jürgen Heinrich Lück hatte kurz zuvor seine beiden Söhne nach Weihenstephan entsandt, um dort das Brauen des neuartigen Lagerbiers zu erlernen. Sie kehrten 1866 in ihre Heimatstadt zurück, um mit dem in Bayern erlernten Wissen das erste lübische Lager zu brauen und somit über mehr als ein Jahrhundert den regionalen Biermarkt zu prägen und zu beherrschen. Man würde das Bier heute vermutlich gesamtdeutsch als „Helles“ bezeichnen, um eine Verwechs-

Im Hintergrund die Festschrift zum 100. Jubiläum der Lück-Brauerei von 1966, Klaus Peter Krause hat den Text dafür verfasst: Wie er Helge Pahl verriet, war dies sein erster gedruckter Text, sein Erstlingswerk

lung mit dem englischen Lager zu vermeiden. Das deutsche Lehnwort ist im Englischen zum einen Oberbegriff für alle untergärigen Biere, also das Pendant zu „Ales“. Zum anderen assoziieren viele mit dem Begriff amerikanische oder internationale Lager, die sich scheinbar – unter Verwendung von Mais und Reis – einen geschmacklichen Wettstreit um die größtmögliche Inhaltslosigkeit bieten.

Nicht jedoch das neue Lück-Bier. Es wurde mit holsteinischer Braugerste, die man selbst vermälzte, und bayrischem und tschechischem Hopfen eingebraut, und es fand reißenden Absatz. Die ersten Lieferungen sollen nicht einmal das nahegelegene Mühlentor erreicht haben, sondern wurden noch vor den Mauern der Altstadt ausgetrunken. Zuweilen sollen sogar die lückschen Bierkutscher daran beteiligt gewesen sein. An Einzelheiten kann sich keiner mehr erinnern. Immerhin war auf die Rösser Verlass: Sie brachten die geleerte Kutsche führungslos zurück in den Brauereihof und schwiegen.

Aufgrund der hohen Nachfrage wuchs die junge Brauerei sehr schnell und musste stetig weiter ausgebaut und modernisiert werden. In den 1920er und 1930er Jahren wandelte man sich in eine Aktiengesellschaft um und übernahm und fusionierte mit mehreren kleineren Lübecker Brauereien. Nach dem Krieg begrüßte die Brauerei das Wirtschaftswunder munter mit dem Werbeslogan: „Lück muss der Mensch haben". Die Sortenvielfalt konnte sich sehen lassen: Export, Spezial, Pils, Malzbier, Kapuziner Urbräu, Bockbier und sogar Eisbock zieren das Bild aus der Festschrift zum 100-jährigen Jubiläum.

Mit der zunehmenden Konzentration auf dem deutschen Biermarkt gerieten viele kleinere Brauereien unter Druck. Bier wurde immer mehr zur billigen Massenware. Die Biervielfalt reduzierte sich, und ein Einheitsgeschmack entstand. In Norddeutschland trank man fast nur noch Pils, und diese Biere waren weitestgehend austauschbar, man nennt sie heute auch „Fernsehbiere". Denn der gesamte Bierkonsum verlagerte sich zunehmend von der normalerweise brauereigebundenen Stammkneipe in den privaten Bereich, wo natürlich freie Bierwahl herrscht.

Das Lück-Bier war kellerfrisch, man verzichtete auf Pasteurisation und setzte auf lange Lagerzeiten, um den Charakter des Bieres zu bewahren. Das sind heute typische und natürlich wiederentdeckte Produktionsmethoden von Craftbier, die unter den Schlagwörtern Slow Brewing und Naturbelassenheit angepriesen werden. Naturgemäß verteuert eine längere Lagerung das Produkt. Um langfristig dem Preisdruck standhalten zu können, hätten Ende der 1970er Jahre größere Investitionen getätigt werden müssen. Statt der Weiterführung der Brauerei entschieden sich die Besitzer für den Verkauf an die Hamburger Bavaria-Brauerei (Astra), die die Brauerei in Lübeck noch bis 1988 betrieb und mit ihrer Schließung dann auch die Marke einstellte.

Dieses Schicksal wäre der Lück-Brauerei möglicherweise erspart geblieben, hätte sich der designierte Nachfolger für die Geschäftsführung, der unter *ef*-Lesern gut bekannte und beliebte Klaus Peter Krause, nicht seiner angedachten Laufbahn entzogen. Krause entstammte der Brauerfamilie Lück und brachte nach abgeschlossener kaufmännischer Lehre und Wirtschaftsstudium beste Voraussetzungen mit. Aber anstatt, wie von der Familie auserkoren, in Lübeck das Braupaddel, war es ihm lieber gewesen, die Feder in der Wirtschaftsredaktion der „FAZ" zu schwingen und zu führen. Seit 55 Jahren schreibt Krause unermüdlich und stilecht über Wirtschaft, Rechtsstaat, Freiheit und über die Unbill, die ihre Feinde anrichten. Seine nach wie vor erfrischend kritischen, zumeist tagespolitischen Texte finden sich, wenn nicht bei *eigentümlich frei*, auf seinem Blog unter *kpkrause.de.*

Vielleicht musste die Lück-Brauerei im Sinne Schumpeters zerstört werden, damit sich ein wertvoller Schreibtischkämpfer für Aufklärung und Freiheit erschaffen konnte. Das Lück-Bier hat indes doch noch eine Renaissance erfahren. Eine kleine Brauerei im holsteinischen Schillsdorf braut seit einigen Jahren eine „Nostalgie Edition“ des lückschen Lagers nach alter überlieferter Rezeptur.

Schwyzer Melange: Bierfondue

zuerst erschienen in ef 220 (März. 2022)

Geselliges Bieressen und Trinken mit Symbolkraft

In der Nachrichtenpandemie während der letzten 100 Wochen ließ mich eine Meldung unlängst ganz besonders erschaudern: „Das RKI warnt vor Raclette und Fondue an Weihnachten und Silvester: Infektionsgefahr“. Die Warnung ist sicherlich berechtigt. Raclette und Fondue sind beides gleichermaßen vermaledeite kapitalistische Wohlstandsgerichte, die auf der Festtafel einen gigantischen unappetitlichen CO2-Fußabdruck hinterlassen. Liest man – was heutzutage kaum jemand vermag – den gesamten Bericht, erfährt man, dass vor zu rohem Hühnchenfleisch gewarnt wird. Mal im Ernst, eure Armut kotzt mich an. Wer brutzelt sich zu Weihnachten Hühner*Innenfilets im Fondue, wenn es noch Steak zu kaufen gibt? Nach meinem Dafürhalten brauchen die Mitarbeiter im RKI eine satte Lohnerhöhung. Zumindest zu Silvester sollte doch ein mit RFID-Chip gesichertes Rindersteak vom Aldi drin sein. Das Gleiche gönne ich übrigens auch allen EZB-Mitarbeitern, die unverschuldet in eine Inflationsarmutsspirale geraten sind.

Meine Familie ist zuweilen konservativ. Behalten Sie es bitte für sich, aber wir mögen sogar Traditionen. Neuartige, vom RKI angeordnete Infektionen schätzen wir hingegen nicht so sehr. Deshalb gab es wie ehedem an Silvester natürlich Fondue. Für die meisten Deutschen steht das

Wort synonym für Fleischfondue. Für die Schweizer, die neben Hustenbonbons auch die Fondues erfunden haben wollen, kann damit nur eine Melange aus Käse und Wein gemeint sein. Für einen Brauer und Bierenthusiasten muss es heißen, es kann nur eine geben: die Bierfondue!

Und sie ist ein perfektes, sehr geselliges winterliches Festmahl. Die meiste Arbeit kann lange im Vorfeld erledigt werden: Der anspruchsvolle Gastgeber verbringt einige Wochen zuvor im Schweizer Bergland mit der herausfordernden Auswahl der richtigen Käse und vor allem der dazu passenden Biere. Der Autor hat diese Strapazen bereits auf sich genommen, weshalb der geneigte Leser hier nun unmittelbar in den Einstieg in eine geführte Zubereitung treten kann:

Besorgen Sie sich zunächst folgende Zutaten für vier Personen:

1 Knoblauchzehe

300 ml Bier

400 g Gruyère (Greyerzer) Käse

400 g Appenzeller oder Freiburger Vacherin oder mildere Käse

2 Esslöffel Zitronensaft

2 Teelöffel Speisestärke

4 cl Kirschwasser und ggf. ff.

Pfeffer, Muskatnuss

800 g Misch- oder Graubrot

1. Öffnen Sie sich zunächst ein Bier. Vorzugsweise sollte es das Grundbier der Fondue sein: malzbetont und alkoholschwanger, ein Porter, Stout, Schwarzbier, Bockbier, Doppelbock, ganz egal. Es geht darum, die Qualität

zu prüfen und die spezifische Wärmekapazität zu spüren. Spülen Sie sich den Kopf frei. Sie kochen jetzt – und kreative Köche trinken nun einmal. Das ist das Wichtigste, mehr gibt es erst mal nicht zu tun. Werden Sie ruhig. Wenn Sie ein stoischer Pilstrinker sind, trinken Sie Pils, aber kochen Sie mit dunklem Bier. Wenn Sie Kölschtrinker sind, kochen Sie besser Himmel un Äd und hören nun auf zu lesen.

2. Raspeln oder schneiden Sie den Käse in kleinste Stücke. Je nachdem, wie intensiv der Käsegeschmack sein soll, werden herzhafte und milde Käse gemischt. Der Gruyère ist als typischer geschmacksintensiver und traditioneller Grundkäse faktisch auf der Poleposition. Kinder mögen es eher lieblich. Je nach Rezipienten mischen Sie mildere Käsesorten hinzu. Beim Reiben von Babybel achten Sie jedoch bitte auf Ihre Fingerkuppen.

3. Vernachlässigen Sie nie Ihren Flüssigkeitshaushalt! Allein mit der Zubereitung dieses Gerichts missachten wir bereits die oben genannte Warnung des RKI. Diese verwegene Gratwanderung kann nur gutgehen, wenn wir die von der WHO empfohlene Tagesmenge von drei Litern Bier nicht unterschreiten. (Sollte uns jemand verklagen, ist das natürlich ein Druckfehler. Fehler passieren immer wieder, etwa wenn sich die Europäische Zentralbank mal bei der Inflation verrechnet.)

4. Essenziell ist ein Topf aus irdenem Material, die Frankophilen nennen ihn Caquelon. Falls nicht zur Hand, funktioniert auch ein gewöhnlicher Stahltopf. Viel wichtiger ist nun der Knoblauch. Jeder weiß es mittlerweile, Corona wurde von chinesischen Vampirvarianten

in Wuhan erfunden. Weil wir als verantwortungsvolle Bürger die Intensivstationen nicht wegen Vampirbissen überstrapazieren wollen, reiben Sie bitte das Caquelon mit einer halbierten Knoblauchzehe gründlich aus.

5. Gießen Sie nun das Bier und die Zitronensäure in den Topf und erhitzen ihn. Sobald sich am Topfboden die ersten Blasen bilden, geben Sie unter stetigem Rühren langsam den Käse hinzu. Statten Sie sich dafür mit einem hölzernen Kochlöffel aus, aber rühren Sie nicht im Kreis! Das weckt böse Verklebungsgeister, die Sie vielleicht aus dem Comic-Band „Asterix bei den Schweizern" kennen. Sie müssen Achten rühren, vorzugsweise drei hintereinander und dann kurz innehalten! Am besten funktioniert es, wenn Sie sich nebenbei einen geschmeidigen Vortag von Hans-Hermann-Hoppe auf den Kanälen von Misesde, Scholarium oder eigentümlich frei anhören.

Es ist ganz normal, wenn Ihre Gedanken nun abschweifen, eine freiere Welt erfinden, sich eine (noch) imaginäre Privatrechtsgesellschaft ausmalen. Aber lassen Sie sich von dem Gerede des älteren Herrn nicht allzu sehr einsäuseln. Auch wenn er Ihre Phantasie beflügelt und Sie in andere Gedankensphären trägt, rühren Sie fleißig mit der einen Hand Ihre Achten, während Sie Ihr Bierglas mit der anderen Hand zu Ihren Lippen führen.

6. Sobald sich sämtlicher Käse gut mit dem Bier vermengt hat, geben Sie die in Kirschwasser aufgelöste Speisestärke hinzu. Die Fondue wird damit glatt gezogen, und eine homogene Masse entsteht, vorausgesetzt Sie geben genug Hitze dazu. Schließlich wird noch rasch et-

was frisch gemahlener Pfeffer und geriebene Muskatnuss draufgezuckert.

7. Nun kann das Caquelon vom Herd auf das bereits entflammte Rechaud auf den Tisch wandern. Hier verharren hoffentlich Ihre Gäste erwartungsvoll. Spießen Sie mundgerechte Brotstücke auf Essgabeln und tunken Sie sie rührend in die Fondue. Instruieren Sie Ihre Mitesser, denn es ist nun sehr wichtig, dass sie die Brotstücke immer am Topfboden entlangfahren, damit der Käse nicht ansetzt. Auch hierbei sind Achten erwünscht. Sie symbolisieren die Unendlichkeit der Freiheit.

8. Das Brot sollte vorab sorgsam ausgewählt werden und reichlich Kruste besitzen, damit Sie die Gabelzinken fest durchstecken können. Andernfalls rutscht es beim Rühren schnell von der Gabel und schwimmt unappetitlich in der Fondue herum. Diese Nachlässigkeit wird traditionell mit einem Glas Kirschwasser bestraft, das zugleich den durch dieses gehaltvolle Mahl strapazierten Verdauungsapparat entlastet.

Alkohol ist ein perfektes Lösungsmittel nicht nur im übertragenen Sinne.

9. Dessertvorschlag: Wohlgenährt und bewaffnet mit einem frischen Glas Bier und einigen weiteren in Griffweite, setzen Sie sich allesamt ans Kaminfeuer. Lesen Sie sich nun mit Ihren Gästen abwechselnd und gegenseitig Frank Jordans jüngsten Schweiz-Thriller „Ares“ vor, bis der Morgen graut.

10. Ich wünsche Ihnen gutes Gelingen, guten Durst und guten Appetit!

Trink, was du bist – Anarkist!

zuerst erschienen in ef 221 (April 2022)

Politisch korrekter Biergenuss

Hoch im Norden, nicht einmal zwei Stunden Autofahrt entfernt von hier, lockt ein scheinbar beneidenswerter Landstrich. Trotz Rekordinzidenzen trotzen die Dänen völlig masken- und maßnahmenbefreit der Jahrtausendplage und hingen die plandemischen Zeiten bereits vor etlichen Wochen an den Nagel. Die größte Tageszeitung des Landes hat sich für ihre allzu regierungsnahe und unkritische Berichterstattung mit den Worten „Wir haben versagt" bei der Bevölkerung entschuldigt. Unsere direkten nördlichen Nachbarn bestechen nicht nur durch ihren pragmatischen Realismus, sie sind außerdem auch gemütliche Biertrinker. Die aus Amerika schwappende Craftbeer-Welle hat das Dänenland gefühlt zehn Jahre früher erfasst als unsere Lande, in denen ein antiquiertes Reinheitsgebot die Experimentierfreude und -freiheit zunächst spürbar ausgebremst hat. Pro Kopf gibt es etwa 30 Prozent mehr Brauereien als in Deutschland, und innovative Brauer wie Mikkeller oder Amager Bryghus sind mittlerweile weit über die Grenzen des Landes hinaus bekannt.

Der Däne ist, zumindest was Bier betrifft, wählerisch und qualitätsbewusst. An Festtagen füllen seit jeher heimische, gerne aber auch belgische oder deutsche Spezialitätenbiere die Gläser, und nahezu jede Brauerei besitzt eine ansehnliche Sortenvielfalt, die sich auch in einer großen

Bierauswahl in den Supermärkten widerspiegelt. Über das ganze Land verteilt finden sich rund 140 Brauereien, viele junge Craftbrauer und handwerkliche Klein- und Gasthausbrauereien. Die nationale Beliebtheit für den Gerstensaft spiegelt sich auch in dem 1998 gegründeten Verein Danske Ølentusiaster wider. Über 8.600 Bierenthusiasten setzen sich tatkräftig und mit vollen Humpen für die Verbreitung und das Wissen um gutes Bier ein. So richten sie beispielsweise das größte Bierfest des Landes aus. Für den bierbegeisterten Urlauber erscheint Dänemark alternativlos verlockend.

Das kleine Land auf der Kimbrischen Halbinsel ist bekanntlich eine der letzten Monarchien Europas. Wenngleich das Königshaus – wie in allen parlamentarischen Monarchien – nichts mehr zu melden hat, so verleiht es doch immerhin noch den Anschein, dass es sich wie sorgsame Eltern um seine Untertanen kümmern wird. Wie beim Fiatgeld der Wert der verlustigen Goldbindung noch eine Weile nachstrahlt, scheint beim dänischen Königshaus der frühere Glanz einer verantwortlichen Regentschaft nachzuglimmen. Libertäre wissen, dass die Monarchie der Demokratie überlegen ist. Die Privatrechtsgesellschaft, landläufig als Anarchie bezeichnet, ist hingegen das erstrebenswerte Ideal.

Ein Bier mit dem glorreichen Namen „Anarkist“ verheißt eine genussvolle, befreiende Berauschung, die es dem Trinker ermöglicht, sich von allen Zwängen zu entledigen. Und es ist nicht nur eines, sondern es gibt mittlerweile zwölf Anarchistenbiere, die wie Bomben einschlagen. Beheimatet ist die Brauerei in Odense auf der Insel

Fünen. In der altehrwürdigen Albani-Brauerei werden diese Biere unter dem Namen des Albani-Brauereigründers Theodor Schiøtz und dem Label „Anarkist“ gebraut und landesweit vertrieben. In Odense und Kopenhagen gibt es jeweils Brewpubs, durch deren Zapfhähne auch weitere Biere der Brauerei und des Braukonsortiums fließen. Die Albani-Brauerei gehört zum zweitgrößten dänischen Braukonzern Royal Unibrew, und dieser ist alles andere als craftig und klein. Die Ein-Liter-Dose Faxe ist wohl das bekannteste Produkt. Die Anarkist-Biere sind dennoch überwiegend lecker, gut trinkbar, nicht zu langweilig „mainstreamig“, aber vor allem auch nicht zu ausgefallen. Dem Konzern und seiner Aktionäre ist eine hohe Drinkability wichtiger, als Ruhm und Ehre für die ausgeflipptesten Biere einzuheimsen, die sich kaum jemand zu trinken wagt.

Wichtig ist vor allem ein gutes Marketing. Von dem britischen Werbeprofi John Hegarty stammt der Ausspruch „Wir kaufen nicht, was wir haben wollen, wir konsumieren, was wir sein möchten“. Als es noch zwei Geschlechter gab, hat auf diese Weise der Marlboro-Mann Millionen von Menschen dazu verholfen, sich als Lasso werfende Cowboys zu identifizieren. Heute fängt man damit vielleicht sogar den dänischen Steuerbeamten ein, der in seiner Jugend zu Sex Pistols Pogo getanzt hat. Er fühlt sich trotz seiner Angepasstheit noch einmal wild, verwegen, cool und rebellisch, während ihm der kühle Trank die parasitäre Kehle hinabsickert.

Die schottische Craftbeerbrauerei Brew Dog bedient sich bei Hegarty nicht nur bei der Anpreisung ihres zugegebenermaßen hervorragenden Bieres „Punk-IPA“. Punks werden direkt aufgefordert, sich an der Brauerei zu beteiligen. „Equity for Punks!“, lautet der Slogan, mit dem wortwitzig und an Gerechtigkeit appellierend das in der Fußgängerzone mühsam zusammengeschnorrte Eigenkapital für eine Beteiligung an einem kapitalistischen Unternehmen abgegriffen werden soll. Auf lustige und löbliche Art ermuntert die Brauerei zum freiwilligen Investment und zu eigenverantwortlicher Vermögensbildung. Sogar börsengehandelt sind die Aktien der Punkrocker von der Boston Beer Company, die unter anderem „Rebel IPA“ braut. Nach Aussage der amerikanischen Brauerei ist es das Bier für die Revolution.

Die Deutschen hingegen versuchen auch im Biermarketing ihr Vergangenheitstrauma zu bewältigen. „Kein Bier für Nazis“ wird da zuweilen gratismutig auf die Etiketten gedruckt. Weil aber die originalen Nationalsozialisten mittlerweile fast nur noch in der Fossilienausstellung zu suchen sind, gibt es einen breiten gesellschaftlichen Konsens, jenen dabei zu helfen, sich als Nazis zu identifizieren, die noch nicht wissen, dass sie es sind. Obwohl diese Leute doch von identitären Ideen infiziert sind, identifizieren sie sich nicht freiwillig damit. Natürlich hat jeder das Recht zu bestimmen, wem er seine Produkte verkauft und wem nicht. Die Ansage kommt allerdings etwas verfrüht und zahnlos daher. Wie soll man außerhalb seines direkten Einflussbereichs das Konsumverbot durchsetzen? Solange der digitale Gesinnungspass noch nicht auf allen Smartphones installiert und ein Mitführen obligatorisch ist, kann die Kassiererin im Supermarkt nicht erkennen, dass der Produzent der Ware respektive der Ladenbesitzer respektive die Regierung diesen und jenen Kunden als konsumunwürdig eingestuft hat. Auch anonyme Wahlen sowie Bank- und Berufsgeheimnisse sabotieren die Konsumentenselektion. Hoffen wir, dass das Ganze ein Marketinggag bleibt. Wenn sich jede Verschwörungstheorie in eine wahrhaftige Dystopie verwandelt, wird es zwischendurch nicht nur langweilig, sondern am Ende schrecklich.

Vielleicht kommt es ganz anders und alsbald wird eine Mehrheit der Dänen die Errichtung von Privatrechtsgesellschaften fordern. Wegen des anarchistischen Marketings der Albani-Brauerei sind sie dereinst schließlich mit libertären Ideen in Berührung gekommen.

Russian Imperial Stout

zuerst erschienen in ef 222 (Mai 2022)

Politisch antizyklischer Biergenuss

In Zeiten, in denen im Namen des Friedens russische Dirigenten, Fußballspieler, Sopranistinnen gefeuert, in denen auf russische Schulen und Kirchen Anschläge verübt, in denen in allen gutmeinenden Supermärkten gratismutig russische Produkte entfernt und Firmen, die noch in Russland aktiv sind, boykottiert werden und sogar der letzte Buchstabe des Alphabetes aufgrund seiner verdächtigen Nähe zur Russophilie gestrichen wird, mag es leichtsinnig sein, einen russischen Bierstil lobend zu beschreiben. Ob ich für die nächste Ausgabe der ef noch eine Kolumne schreiben kann, entscheidet vielleicht, wer als Erstes die Oder-Neiße-Linie überschreitet: der Russe auf seinem Vormarsch nach Westen oder ich als frisch geschasster Russenbierfreund auf dem Weg ins sibirische Exil. Dabei ist es alles ganz anders, rufe ich eilends zu meiner Verteidigung: Das Russian Imperial Stout ist gar kein Russe!

Im obigen Abschnitt (*Seite 119 ff.*) konnten wir bereits einiges über das Stout und seinen Erschaffer Arthur Guinness erfahren. Wir erinnern uns: Diese irische Bierkreation ist eine stärkere Variante des Porters, dem einst flüssigen Brot der englischen Hafenarbeiter. Das Russian Imperial Stout ist, vereinfacht gesagt, der Doppelbock des Stouts. Starkbiere waren bis hinein in die Neuzeit vorwiegend der bürgerlichen Oberklasse, dem Klerus und

Tropf, tropf, tropf, ölt er sich ins Glas, der falsche Russe: Mit Aromen von Schokolade, Kaffee und Karamell

der Aristokratie vorbehalten. Das Russian Imperial Stout soll ursprünglich als Geschenk für die Zarin Katharina die Große gebraut und an den Kaiserhof nach St. Petersburg verschifft worden sein. Der pechschwarze Trank erfreute sich in Russland und im angrenzenden Baltikum großer Beliebtheit und wurde fortan aus Großbritannien importiert. Für die lange Schiffsreise musste es robust eingebraut sein: Viel Hopfen, geröstete Malze und eine große Menge Alkohol machten es seefest.

Das Imperial Stout geriet beinahe vollständig in Vergessenheit. Im Zuge der Craftbeer-Bewegung und der dadurch ausgelösten Renaissance alter Bierstile wurde es wiederentdeckt und erfreut sich zunehmender Beliebtheit bei Bierfreunden und Brauern gleichermaßen. Letztere schätzen das Bier vor allem wegen der bereits erwähnten natürlichen Robustheit, die es erlaubt, ohne Pasteurisierung eine relativ lange Haltbarkeit zu gewährleisten. Es vergehen etliche Monate, ja sogar Jahre, bis sich eine sensorisch wahrnehmbare Bieralterung durch die Berge von Röstaromen durchgekämpft hat, und dabei sind die alterungsbedingten Veränderungen nicht – wie häufig bei leichten und hellen Bieren – unbedingt geschmacksbeeinträchtigend, sondern werden oft positiv als Bereicherung wahrgenommen. Beispielsweise gesellen sich oft feine oder markante Sherrynoten hinzu.

Imperial Stouts eignen sich daher hervorragend zur langfristigen Einlagerung im Bierkeller und zur Veredelung in vorbelegten Holzfässern. (Während sich hier jetzt die Buchstaben tänzelnd wie zufällig aneinanderreihen, rinnt dem Autor ein sieben Jahre altes Imperial Stout, das zuvor in einem Fass der kleinsten schottischen Whiskydestille Edradour verweilte, wohlig die Kehle hinab.) Es gibt mittlerweile eine erfreulich große Auswahl an im Bourbon-, Scotch-, Rum- oder auch Sherry-Fass gelagerten Imperial Stouts. Das sind natürlich sehr spezielle, einmalige und stark limitierte Biere für den feinschmeckenden Bierenthusiasten oder einen besonderen Anlass wie beispielsweise das Verfassen der ef-Bierkolumne oder auch nur das bewusst genussreiche Ausklingenlassen des Tages.

Bereits beim Eingießen ins Glas begeistert dieser Bierstil. Die hohe Stammwürze hat es nahezu sämig werden lassen: Tropf, tropf, tropf, ölt es sich ins Glas, um sich prompt unter einer feinporigen, karamellfarbigen Schaumdecke zu verstecken. Vereinzelnd platzende Perlchen entbinden den Aromenreichtum seicht und wohldosiert: Dunkle Schokolade, Kaffee, Karamell, Röstmalz – je nach Bier auch mit einer feinen rauchigen Note – suchen den Weg durch die Nasenlöcher und fleuchen den sensorischen Synapsen freudig entgegen. All dieses findet sich auch zwischen Zunge und Gaumen wieder, begleitet von Beerenfrüchten und Kirschen bilden sie die für das Imperial Stout typischen Nuancen und spielen bei guten Bieren harmonisch abgestimmt die komplexe Klaviatur der Geschmackssymphonie. Im Abgang verbrüdert sich die Röstaromatik mit der markanten räumenden Hopfenbittere. Harmonisch klingt beides lange nach. Es dauert eine Weile, bis der Gaumen nach einem frischen Impuls aus dem Glas lechzt.

Der Wonnemonat Mai sollte eigentlich dazu inspirieren, an helle, leichtere und gut trinkbare Biere zu appellieren. Die tiefschwarzen Schatten der Kriegspropaganda, eine sich anbahnende massive Güterknappheit nebst Preisinflation und drohende Wirtschaftskrise rechtfertigen jedoch die Besinnung auf ein ehrliches und substanzvolles Bier, welches das Gemüt stärkt und zudem als eiserne Reserve, als liquider Goldstandard aus dem Keller winkt.

Der baden-württembergische Landwirtschaftsminister Peter Hauck (CDU) möchte mit dem Zudrehen des russischen Gashahns der „Freiheit“ wieder eine Chance geben: „15 Grad im Winter hält man mit Pullover aus. Daran stirbt niemand.“ Für die Unsportlichen ist dieser Ratschlag immerhin viel hilfreicher als das Händeklatschen und die Kniebeugen unseres früheren Bundeskanzlers (m/w/d), mit dem sich unsere Kinder in der Schule erwärmen sollten. Die spezifische Wärmekapazität von Russian Imperial Stouts liegt üblicherweise zwischen 8,5 und zwölf Prozent Alkohol. Neben der gewaltigen geschmacklichen Komplexität und Intensität eigenen sich diese Biere bei innerlicher Anwendung also durchaus als Heizöl- respektive Erdgassubstitut und können mithelfen, Putins sibirischem Ostwind zu trotzen.

Betrachtet man die Ethymologie, sträuben sich dem Freiheitsliebhaber die Nackenhaare. „Imperial“ steht für „kaiserlich“, ergo „cäsarisch“, also „zarisch“. Das Wort leitet sich vom lateinischen „imperare“ ab, was „herrschen“, „befehlen“ oder „gebieten“ bedeutet. Die Aussicht, andere zu beherrschen, ihnen zu befehlen und zu gebieten, hat schon immer die übelsten Psychopathen angelockt. Es ist ihre Spielwiese. Zwangsmonopolisten, neudeutsch auch Staaten genannt, sind das natürliche Eldorado dieser antisozialen, machtsüchtigen, egomanen Clique. Um ihre Macht zu erhalten und zu erweitern, erschaffen sie beispielsweise „Geld“ aus dem Nichts und finanzieren damit ihre blutigen, niemals endenden orwellianischen Kriege.

Wer jetzt Solidarität zu diesem oder jenen Staat bekennt oder einfordert, beschwört die weitere Machtakkumulation der Zwangsapparate und befördert somit den Machtverlust des Individuums. Im Gegensatz zu abstrakten Kollektiven, sei es ein Staat, Land, Volk oder Fußballverein, hat das Individuum, hat der einzelne Mensch eine Seele, und mit dieser kann sich jeder andere Mensch in Liebe und Freundschaft verbinden und solidarisieren, und das wird tagtäglich zwischenmenschlich milliardenfach freiwillig getan.

Der Genuss eines Russian Imperial Stouts beflügelt die Seele. Seine Mächtigkeit macht auch den Trinker, den Beherrscher über das Getränk und seinen Konsum mächtig, und für eine kurze Zeit bemächtigt er sich seiner selbst. Die wohlige Wärme vernebelt ordinäre Pein und Unbill, entlockt die freien Geister und lässt sie ungezwungen tanzen. Eine kurze Verschnaufpause von der Fremdbestimmtheit, die uns mehr oder minder täglich einzwängt, ist gut, richtig und zur gelegentlichen nervlichen Ertüchtigung äußerst wichtig. Aber Vorsicht! Wie das Soma in Huxleys Schöner Neuer Welt, sollte diese Droge uns weder beherrschen noch von unserem eigentlichen Ziel ablenken: Jeder muss immer alleiniger Herrscher über sich selbst sein. Ein jeder sei der Kaiser seines Lebens. Niemals weniger und niemals mehr!

Budweiser gegen Budweiser

zuerst erschienen in ef 223 (Juni 2022)

Der weltweite Jahrhundert-Systemkampf um zwei Biere deutscher Braumeister

Ludwig von Mises, der Titan der Ökonomie, schrieb in „Die Gemeinwirtschaft“: „Die Menschen trinken nicht Alkohol, weil es Bierbrauereien, Schnapsbrennereien und Weinbau gibt; man braut Bier, brennt Schnaps und baut Wein, weil die Menschen geistige Getränke verlangen. Das ‚Alkoholkapital‘ hat weder die Trinksitten noch die Trinklieder geschaffen.“ Und: „Es gibt Sozialisten, die der kapitalistischen Gesellschaftsordnung vor allem die Mannigfaltigkeit der Erzeugnisse zum Vorwurf machen.

Statt sich auf die Herstellung von gleichartigen Waren, die dann in größtem Maßstab betrieben werden könnte, zu beschränken, erzeuge man hunderte und tausende Typen, wodurch die Produktion verteuert werde.“

Während der Sozialist eine egalisierende Produkteinfalt erzwingen muss, erzeugt der freie Markt eine verwirrende Vielfalt. Diese Verwirrung perfektioniert sich, wenn eine „sozialistische“ und eine „kapitalistische“ Brauerei in ihrer beiderlei gleichsamen Einfallslosigkeit über mehr als ein Jahrhundert um einen Markennamen streiten. Seit 1907 befinden sich die tschechische Brauerei Budějovický Budvar und die amerikanische Anheuser-Busch-Gruppe im sogenannten Budweiser-Bierstreit. Wie kam es dazu?

Im Jahr 1860 übernahm der deutsche Immigrant Eberhard Anheuser die Bavarian Brewery in St. Louis. Zehn Jahre später trat sein ebenfalls aus Deutschland stammender Schwiegersohn Adolphus Busch in das Unternehmen ein und braute ein für den amerikanischen Markt damals neuartiges Bier nach Vorbild des böhmischen Pils, das er nach der sudböhmischen Stadt Budweis mit „Budweiser“ benannte. 1878 wurde es in den US als Warenzeichen eingetragen.

Bereits seit den 1870er Jahren exportierte das im böhmischen Budweis ansässige Budweiser Bürgerbräu sein Bier in die USA. Mit dem Markteintritt der böhmischen Aktienbrauerei, dem Vorgänger des Budějovický Budvar, in den Vereinigten Staaten begann der Jahrhundertzwist, denn Anheuser-Busch verklagte die Brauerei aus Budweis wegen der Verwendung des Namens in den USA.

Ein Eldorado für Juristen: Seit 115 Jahren füllt dieser Markenrechtstreit ihre Mägen und die ihrer Familien. Zwar wurden die juristischen Auseinandersetzungen – es gab weltweit über 120 Verfahren – weitestgehend ohne klaren Sieger entschieden, jedoch wird nach wie vor mit allen Mitteln um den Markennamen gekämpft, wie der Erwerb der Budweiser Bürgerbräu AG durch Anheuser-Busch im Jahre 2014 zeigt.

Der derzeitige Stand ist, dass die tschechischen Brauer aus Budweis ihr Bier in den USA nicht Budweiser nennen dürfen. Dort wird es unter dem Namen „Czechvar“ vertrieben. In der EU darf jedoch der böhmische Gerstensaft Budweiser heißen, während dem amerikanischen Bier die

Benutzung der Kurzform „Bud“ zugesprochen wurde. In Großbritannien dürfen sich beide Biere unter dem Namen Budweiser um die Zuwendung des Konsumenten bemühen.

Eine Verwechslungsgefahr besteht jedoch allerhöchstens beim völlig unbedarften Trinker. Obschon es sich bei beiden Bieren um helle Lagervollbiere handelt, liegen geschmacklich Weltmeere dazwischen. Das tschechische Budweiser – wie könnte es auch anders sein – folgt der durch den im tschechischen Pilsen tätigen deutschen Braumeister Josef Groß begründeten Tradition des böhmischen Pilseners. Mit seinen 22 Bittereinheiten ist es heute zwar nicht mehr ganz so stark gehopft wie zu seiner Markteinführung, und natürlich wird das heutige Budweiser mit modernster brautechnologischen Mitteln hergestellt, die Zutatenliste lässt hingegen keinen Zweifel an der tschechischen Herkunft aufkommen: Malz aus Mähren wird mit Wasser aus 300 Meter tiefen artesischen Quellen fachmännisch vermengt und mit leichter Malznote, jedoch nicht zu süß vermaischt, sodann geläutert und mit zwei Gaben vom Saazer Hopfen gesiedet. Die Gärung erfolgt kühl mit tschechischer Lagerbierhefe. Die anschließende Bierreifung – eine Tanklagerung um den Nullpunkt herum – von rund drei Monaten ist außergewöhnlich lang und sorgt nicht nur für eine glanzfeine Optik, sondern vor allem für einen runden, sehr harmonischen, feinherben Geschmack. Die Aromatik dieses Bieres hat sich dadurch perfekt entwickelt und zeigt ein einzigartiges Zusammenspiel aus kräuterig-harzigen und fruchtig-blumigen Nuancen aus dem böhmischen Hopfen, unterstrichen durch die dezenten, leicht brotigen Impulse des mährischen Gerstenmalzes.

Im krassen Gegensatz offenbart sich das amerikanische Bud. Anheuser-Busch betreibt zwölf Brauereien in den USA und 15 außerhalb der Staaten. 14 davon befinden sich in der Volksrepublik China. Es ist in über 80 Ländern erhältlich. Ein Bier gebraut, um nicht anzuecken. Mit seinen zwölf Bittereinheiten ist es fast nur halb so herb wie der tschechische Stiefbruder. Mit den von der Brauerei beworbenen 30 Tagen Produktionszeit ist es jedoch dreimal schneller verkaufbar. Neben Gerstenmalz kommt als Stärkelieferant bis zu 30 Prozent Reis zum Einsatz. Reis ist ein günstiges Malzsubstitut, das geschmacklich keinen nennenswerten Einfluss auf das Bier hat und deshalb als Zutat für amerikanisches und internationales Lager prädestiniert ist. Um nicht zu bemerken, dass das Bier eigentlich nach nichts schmeckt, wird es sehr kalt getrunken.

Die Anheuser-Busch Companies gehören seit 2008 zur AB-InBev-Aktiengesellschaft, dem größten Brauereikonsortium der Welt, während die tschechische Budvar-Brauerei seit der Verstaatlichung im Jahr 1945 nach wie vor im Besitz des tschechischen Staates ist. In Hinblick auf Größe und Verbreitung hat das „kapitalistische“ amerikanische Budweiser das Spiel klar für sich entschieden. Aber hinsichtlich Geschmack, Authentizität und Trinkfreude würde jeder Bierfreund vermutlich der „sozialistischen“, tschechischen Biervariante den Sieg zusprechen. Das mag verwundern, wenn man den einleitenden Worten Ludwig von Mises‘ folgt. Gründe hierfür gibt es sicher viele. Die gleichmachenden Sozialisten vermochten es offenbar nicht, dem Volk die in Böhmen jahrhundertealte, fest verwurzelte Brau- und Biertradition zu entreißen. Anheuser-Busch hingegen war und ist Nutznießer des amerikanischen Interventionismus, der die Großbrauereien mit ihren Einheitsgeschmacksbieren und ihrer Schwerfälligkeit begünstigt. Bis ins Jahr 1979, also 46 Jahre nach dem Ende der Prohibition, galten in den USA noch Gesetze, die das Heimbrauen und den Betrieb von Mikrobrauereien und Brewpubs faktisch verboten.

Erst mit der Abschaffung beziehungsweise Novellierung dieser Alkoholgesetze konnte die von Ludwig von Mises beschriebene kapitalistische Mannigfaltigkeit auch im amerikanischen Biersektor zur Entfaltung kommen: Die Craftbier-Bewegung entstand – und mit ihr wuchs allein die Zahl der Brauereien in den USA von 89 im Jahr 1978 auf über 9.100 im Jahr 2021.

Mehr Bier-Sanktionen wagen

zuerst erschienen in ef 224 (Jul./Aug. 2022)

Sarkastische Anmerkungen im Krieg

Es ist Krieg. Wie könnte man da unbeschwert über den Genuss des schönsten Getränks der Welt schreiben? Das wäre völlig unangebracht und kaltherzig. Es ist schließlich Krieg. Nun, nicht bei uns in Westeuropa. Hier scheinen die kriegerischen Auseinandersetzungen der Regierungen gegen ihre Bevölkerungen, gegen den sogenannten Souverän, vorerst unterbrochen, aber beispielsweise wird der Jemen seit 2015 durch unsere saudischen Freunde bombardiert. 370.000 Menschen wurden dort bereits ermordet. Umso schlimmer: Muslime dürfen sich Tod und Verwüstung nicht mit Bier erträglicher trinken. Möglicherweise ist jedoch gerade ihre Abstinenz das Erfolgsrezept. Es ist eine Binsenweisheit: Der Konsum von zu viel Bier macht müde. Die deutsche Außenministerin warnt vor Kriegsmüdigkeit. Wer möchte diesem friedfertigen Blumenkind widersprechen?

Als Young Global Leader wurde sie schließlich vom Chefresetter der Welt Klaus Schwab höchstpersönlich ins Kabinett penetriert. Insgesamt erscheint die deutsche Bundesregierung wohlweislich selektiert und vermittelt ein geschlossenes Bild der sich gegenseitig potenzierenden Inkompetenzen. Um die angemahnte Kriegsmunterkeit zu beflügeln, fordert der liberale™ Finanzminister nunmehr eine Kriegssteuer. Die schier unbegrenzte Besteuerungswut der einst für Steuersenkung eingetretenen FDP finanziert nun den wiederentdeckten Militarismus der grünen Pazifisten.

Dass Christian Lindner mehr Geld braucht, klingt zunächst verwunderlich, hat er doch unlängst per Grundgesetzänderung beschlossen, einen 100 Milliarden Euro schweren Schatz namens Sondervermögen entdeckt zu haben. Kurzzeitig wähnten wir Deutsche uns als Michel im Glück und für immer jeglicher weltlicher Not entronnen. Brauer und Bierkonsumenten hofften gar auf die Abschaffung der Biersteuer. Zur Beruhigung des Gewissens des friedliebenden Koalitionspartners wird dieses „Vermögen" jedoch allein zur Anschaffung neuen Kriegsgerätes verwendet werden. Dem einstigen ef-Papierträger mit Lese- und Verständnisschwäche geht es dabei um die Abschöpfung von sogenannten Übergewinnen, die Unternehmen im Zuge der staatlich verordneten Sanktionen aus Sicht der Regierung übermäßig erwirtschaftet haben. Ein neuer Seitenarm in der Interventionsspiralengalaxie. Die Übergewinne der Pharmaindustrie im Zuge der sogenannten Corona-Pandemie, allein bei Biontech waren es 2021 mehr als zehn Milliarden Euro, bleiben indes unangetastet und verweilen an der Goldgrube Nr. 12. Wer aufrechten Demokraten wie beispielsweise Wolfgang Schäuble genug Gefälligkeiten in den Koffer packt, kann seine Übergewinne vor dem zusätzlichen Zugriff des Fiskus sicher wähnen. Das Ende Roms ist nah.

Leider bleibt Christian Lindner ein Einfaltspinsel. Statt der geplanten Abschöpfung kurzfristiger Gewinne wäre es nachhaltiger, wenn der Fiskus eine vorübergehende Steuer zum Beispiel zugunsten der deutschen Kriegsmarine erfände. Und weil wirksame Sanktionen zunächst immer einem selbst schaden müssen: Ich schlage als solidarischer Biertrinker die Einführung der Bierschaumsteuer vor. Bierschaum entsteht vornehmlich durch Entbindung von Gär-CO2, einem extrem toxischen Klimagas. Mit der Bierschaumsteuer gelänge uns daher nicht nur der Bau des längst überfälligen Flugzeugträgers „Rosa von Praunheim", der kurz nach Fertigstellung an die Ukraine übergeben und dort in „Stepan Bandera" umbenannt wird, die Biertrinker würden zudem endlich ihre gerechte Buße am Klimatod des Planeten zu entrichten haben. Analog zur Schaumweinsteuer könnte die Bierschaumsteuer nur von vorübergehender Dauer sein und abgeschafft werden, sobald der Staat genug eigenes Geld erwirtschaftet.

Es ist Krieg, und der Russe hat das Getreide gestohlen. Es wäre unpassend, jetzt Loblieder über das Biertrinken zu singen. Viele Bäcker können kein Brot mehr backen, das ihre Kunden noch bezahlen könnten. Die Brauwirtschaft entzieht dem Volk wichtiges Getreide. Anstatt knurrende Mägen zu füllen, versickert es in den vergnügten Kehlen fröhlicher Biertrinker. Indem sie unbeschwert ihrem unangebrachten Laster frönen, widersetzen sie sich dem staatlich angeordneten Kriegsnarrativ, spielen Putin skrupellos in die Hände und erhöhen unsere Erpressbarkeit. Schlimmer noch: Die Produktion und die Verteilung von Bier verbrauchen enorm viel Energie. Allein die Erdinger Brauerei braucht drei LKW-Ladungen Heizöl pro Woche und fordert deswegen sogar eine Weißbier-Triage. Um von russischen Energielieferungen unabhängig zu werden, ist ein Festhalten an der deutschen Bierbrau- und Trinktradition unverantwortlich. Eine Rationierung von Bier oder sogar ein Brauverbot ist denkbar und möglicherweise unumgänglich. Auf jeden Fall sollten weitere staatliche Interventionen unserer Solidarität Kredit zollen: Die Luca-App könnte entsprechend erweitert werden, um den Kontakt der Bürger mit Bier besser – im Sinne der Planenden – zu steuern. Anstatt mit Bratwurst könnte die Belohnung für die nächste Boosterspritze ein Sechserträger sein. Ukrainisches Bier sollte subventioniert, unsolidarisches Bier sanktioniert werden. Unkontrollierte Konsumexzesse wie zu Pfingsten auf Sylt, bei denen sich Heerscharen von mit dem Neun-Euro-Ticket angereisten Punks mittels zuvor bei Amazon bestelltem und an die Westerländer Packstation gelieferten Bieres betranken, spielen nicht nur dem Russen in die Hände.

Seit 1950 sind die Bierpreise in Deutschland im Durchschnitt um 3,8 Prozent pro Jahr gestiegen. Man muss keine seherischen Fähigkeiten haben, um zu erkennen, dass die Bierpreiskurve vorerst äußerst steil nach Norden zeigen wird. Das sollte uns jedoch nicht verdrießen. Ganz im Gegenteil: Wir sollten Öl in das Feuer gießen und lautstark die Bierschaumsteuer oder gar ein Verbot einfordern. Maskenzwang, Hausarrest, Zensur und Ausgrenzung haben den Michel nicht sonderlich gejuckt. Erst wenn den Deutschen der müde machende Konsum des Gerstensafts vergällt wird, wenn der Volksseele die gemütsberuhigende Wirkung des Hopfens entzogen wurde, wenn die auf Sylt angelandeten Punkrocker auf dem Trockenen sitzen, so die letzte Hoffnung, werden sie aufbegehren und die Bande der Bevormundermenschen von dannen jagen.

Christian Lindner: Papierträger mit Leseschwäche

Pauwel Kwak
– starkes Fahrbier mit Tradition

zuerst erschienen in ef 225 (September 2022)

Schwere Zeiten verlangen nach starken Bieren

Von dem amerikanischen Schriftsteller G. Michael Hopf stammt der Aphorismus „Hard times create strong men, strong men create good times, good times create weak men, and weak men create hard times.“ (Deutsch etwa: Schlechte Zeiten schaffen starke Menschen, starke Menschen schaffen gute Zeiten, gute Zeiten schaffen schwache Menschen, und schwache Menschen schaffen schlechte Zeiten.) Nicht nur wegen des Nachnamens des Autors drängt sich dem Biertrinker beim Lesen dieser tiefsinnigen Vereinfachung der Generationstheorie eine Analogie zum schönsten Getränk der Welt auf: „Hard times need strong beers, strong beers create good times“ und so weiter.

Die unlängst durch die Getreideernte verstaubten Kehlen verlangen eigentlich noch nach erfrischendem, leichtem Gebräu. Der gegenwärtig steil ansteigende Härtegrad der Lebensumstände rechtfertigt jedoch die Beschäftigung mit stärkerem Gerstensaft. Während in deutschen Landen untergärige Starkbiere wie Bock und Doppelbock *(siehe Seite 35 ff.)* beheimatet sind, finden wir eine ganz andere, obergärige Starkbierwelt bei unseren belgischen Nachbarn. Jenseits der Vennbahn und der vom hiesigen Konsumenten als kritisch angesehenen Fünf-Prozent-Linie tummeln sich Dubbels, Tripels, Quadrupels sowie diverse Strong Ales in den Schattierungen Blonde, Amber und Dark.

Stark und dunkel war wahrscheinlich schon das Bier, das der Brauer und Gastwirt Pauwel Kwak Ende des 18. Jahrhunderts im flämischen Dendermonde braute. Der Gasthof lag unmittelbar an der Straße zwischen Mechelen und Gent und war Halte- und Rastpunkt für die häufig verkehrenden Postkutschen. Seit der Einführung des napoleonischen Code Civil war es den Kutschern untersagt, zusammen mit den im Gastraum rastenden Passagieren der Postkutsche Bier zu trinken. Der pfiffige Gastwirt Pauwel erkannte das Leid, das dieses Gesetz über die Kutscher brachte, und ersann Abhilfe. Er entwickelte ein spezielles Glas, das der Kutscher direkt am Kutschbock in eine Haltevorrichtung einhängen konnte. Bei jedem Stopp wurde dem Kutscher das „Koetsiersglas“ aufgefüllt und der stärkende Trank stand ihm sodann nicht nur bei der Rast, sondern sogar während der Fahrt zur Hand. Lästige Alkoholfahrverbote hatte Napoleon offenbar noch nicht verfügt. Mit der Motorisierung ist diese Tradition natürlich verschwunden und war längst vergessen – bis 1980. Seitdem braut die Brouwerij Bosteels unweit des alten kwakschen Rasthofes ein Dark Strong Ale in Gedenken an die rettende Umgehung des staatlichen Verbots. Das moderne Pauwel Kwak ist filtriert und pasteurisiert. Es grüßt mit leuchtendem Kupferton und einer cremefarbenen, üppigen Blume. In der Nase finden sich Karamell, Nougat, Koriander und Spekulatius. Im Antrunk malzige, leicht erdige Noten, begleitet von Lakritz und Nougat.

Ob aus der handlichen 0,33-Liter-Flasche oder der geselligen 0,75-Liter-Flasche: Das Kwak genießt man stilecht aus dem Kutscherglas

Kunstvoll verstehen es die belgischen Brauer, die geballte Alkoholkraft von 8,4 Prozent zu verbergen. Der robuste Körper wird von einer spritzigen Rezens aufgelockert, die gleichermaßen die Fruchtigkeit dieses Bieres vorantreibt. Es finden sich karamellisierte Banane, rote Früchte und Orange, aber auch Kräuter wie Koriander und Süßholz. Im Abgang klingen leicht bittere und kräuterige Geschmacksnoten lange nach. Kurzum: ein komplexes und zugleich gut trinkbares, malzbetontes Starkbier, das als typisches Aushängeschild für den Bierstil Belgian Dark Strong herhalten kann.

Everarist Bosteels gründete die Brauerei im Jahr 1791, die sich bis zu ihrem Verkauf 2016 an den weltgrößten Braukonzern AB InBev in Familienbesitz befand. („Good times created weak men"?) Neben dem Kwak Strong Ale braut Bosteels die bei Bierkennern beliebten Biere Tripel Karmeliet und das champagnerähnliche Bier DeuS sowie neuerdings das fassgelagerte Strong Ale Monte Cristo. Erst in diesem Jahr hat die Brauerei zwei neue Biere ebenfalls unter der Marke „Pauwel Kwak" auf den Markt gebracht: ein Blonde mit 7,4 Prozent und ein „Rouge" mit 8,0 Prozent. Letzteres verwirrte die Biergemeinde zum einen, weil „Rouge" kein international anerkannter Bierstil ist, und zum anderen wegen der Zugabe von Aromakonzentraten, die dem Rotbier einen eher künstlichen Kirschgeschmack verleihen. Irritierend ist auch die Zutatenliste des „originalen" Kwaks. Bis vor Kurzem stand auf dem Etikett neben Wasser, Gerstenmalz und Weizen auch noch (Kandis-) Zucker, der üblicherweise in eine belgische Strong-Ale-Maische hinzugegeben wird, um die Stammwürze zu erhöhen. Auf den neuen Etiketten findet sich hingegen kein Zucker mehr, stattdessen ist dort Mais aufgeführt. Ob die Änderung der Rezeptur mit der globalen Rohstoffpreisexplosion oder der Lieferkettenproblematik in Verbindung steht, sich der Einfluss des überwiegend amerikanisch geprägten Mutterkonzerns bemerkbar macht oder etwas anderes dahintersteckt, können Sie am besten bei einer Brauereiführung im ostflandrischen Buggenhout selbst erfragen. Besichtigungen und Verköstigungen finden sonnabends und sonntags statt. Sollte Ihnen die nahende großtransformierte Zukunft das Reisen mit dem eigenen Automobil verzagen, empfiehlt sich vermutlich alsbald wieder eine CO2-freie Fortbewegung mit der Postkutsche.

In diesem Falle ist die Anschaffung des trefflichen Kutscherglases vor Reisebeginn angeraten. Biere wie das Pauwel Kwak, in ausreichenden Mengen konsumiert, können die subjektive Reisegeschwindigkeit erheblich erhöhen, Schlaglöcher abfedern und unbequeme Holzbänke komfortabel zaubern. „Hard times need strong beers!“

Herb, blond und schlank – norddeutsches Pils

zuerst erschienen in ef 226 (Oktober 2022)

Aber Achtung, wenn die Sonne strahlt

Während sich in süddeutschen Bierhumpen vornehmlich Helles, Märzen, Dunkles und Weißbier die Hand geben, wird es nördlich des Mains eintöniger. Abgesehen von ein paar unbezwingbaren Inseln im Rheinland, wo sich das obergärige Altbier und das von seinen Liebhabern vehement als Bier bezeichnete Kölsch behaupten konnten, ist es weitestgehend das Pils, das hier die Biertrinkerkehlen dominiert.

Glücklicherweise ist aber Pils auch nicht gleich Pils. Bekanntermaßen liegen Ursprung und Namen im böhmischen Pilsen, wo es im Jahre 1842 vom niederbayrischen Braumeister Josef Groll ersonnen und erstmalig gebraut wurde. Mit der Erfindung der Kältemaschine trat das untergärige Bier Pilsner Brauart seinen Siegeszug durch die Bierzelte der Welt an. Heute unterscheidet man zwischen böhmischem, bayrischem, amerikanischem und norddeutschem Pils. Allen diesen Bieren ist die mehr oder minder blonde Farbe gemein, die auf das schonend gedarrte und somit helle Gerstenmalz zurückzuführen ist. Erforderlich ist zudem eine kühle Gärtemperatur sowie eine anschließend circa fünf Wochen lange Lagerzeit bei Temperaturen kurz über dem Gefrierpunkt, in der ungewünschte Gär-Nebenaromen abgebaut werden, eine natürliche Klärung erfolgt und eine verhältnismäßige robuste und langanhaltende Bierstabilität erreicht wird. Moderne Brau- und Gärtechniken machen es allerdings möglich, dass diese traditionellen Verfahren deutlich verkürzt werden können. Wenig überraschend dabei: Es verkürzt sich auch der Genuss.

Bereits das böhmische Pils unterscheidet sich von anderen untergärigen Vollbieren vor allem durch die deutlich markante Hopfennote, und das norddeutsche Pils treibt dieses Merkmal noch einmal auf die Spitze. Mit seinen bis zu 50 IBU (International Bitterness Units) gehört es zu den bittersten Bieren, sehen wir einmal von modernen Craftbier-Extremen ab. Grundsätzlich wird bei diesem Bierstil an Hopfen nicht gespart, wenngleich große Brauereien für ihre modernen Pilssorten überwiegend preiswertes Hopfenextrakt – der eben nur Bittere, aber so gut wie kein Hopfenaroma ins Bier abgibt – verwenden.

Der Hopfen ist aber nur verantwortlich für die objektiv in IBU messbare Bittere. Die subjektiv wahrgenommene Bitterkeit kann sich davon deutlich unterscheiden und wird durch weitere Faktoren beeinflusst. So ist etwa das extrem weiche „hopfenfressende“ Brauwasser, wie es in Pilsen quillt, in den Brunnen des niederdeutschen Tieflandes schwer zu finden. Aber nicht nur die Wasserhärte verstärkt die subjektiv wahrgenommene Bitterkeit, auch die Schlankheit, der kaum vorhandene Malzkörper, kapituliert vor der Mächtigkeit der Alphasäuren des Hopfens, die die Bittere beim Kochen der Bierwürze freigeben. Das Verhältnis Alkoholgehalt zur Stammwürze (Malzschüttung) ist beim Pils äußerst hoch. So kann man wohl sagen: Was der Brauer beim Bitterhopfen an „Mehr“ einsetzt, spart er beim Malz wieder ein. Das norddeutsche Pils hat in der Regel einen Alkoholgehalt um die fünf Prozent und biersteuerbedingt (*siehe Seite 39 ff.*) eine Stammwürze von maximal 11,9 Prozent. Darüber hinaus gibt es Pils-Bock-Varianten, auch als „Imperial Pils“ bezeichnet. Wie die kleinen Brüder sind sie schlank und herb-hopfenlastig, was sie zum einen verhältnismäßig leicht erscheinen lässt und zum anderen große Kunstfertigkeit des Brauers erfordert, damit der Konsument den höheren Alkoholgehalt nicht als unangenehm und zu spritzig wahrnimmt. Als ein hervorragendes Beispiel sei hier der Pilsbock der Trumer Brauerei genannt.

Die typischen und altbekannten Vertreter des norddeutschen Pils sind Beck’s (in Bremen schafft es sogar das Deppenapostroph zum Markenzeichen), Jever, Holsten, Flensburger und Dithmarscher Pilsener. Die beiden letztgenannten schleswig-holsteinischen Biere verbindet der nostalgisch ploppende Bügelverschluss und eine verhältnismäßig klare Sortentreue. Denn tendenziell ist bei vielen norddeutschen Pilsenern beobachtbar, dass sich die ursprünglich markant-herbe Bittere in den letzten Dekaden sukzessive abgeschwächt hat. In den Konzernzentralen ist man offenbar der Meinung, dass eine Annäherung an den (internationalen) Lager-Einheitsgeschmack eine höhere Rendite abwirft. Und das ist vermutlich ein Grund dafür, weswegen die zum weltgrößten Braukonzern AB InBev gehörende Marke Beck’s das norddeutsche Pils weltbekannt machte und nun Kennerdurst international löscht, wenngleich es beileibe nicht mehr so frisch-herb daherkommt wie ehedem.

Obwohl Pils traditionell ein Massenbier ist, haben sich mittlerweile auch einige der kleineren Craftbier-Brauereien des Bierstils angenommen. Nicht selten setzen sich die freigeistigeren Brauer jedoch über die strikten Konventionen und Definitionen der Brauverbände hinweg, und so sind die Craft-Pilsener selten hochfiltriert und oft auch hopfengestopft. Für den letzteren Fall erdachte man in Anlehnung an das IPA (India Pale Ale, *siehe Seite 23 ff.*) die absurde Genrebezeichnung IPL, die für India Pale Lager steht. Ein hopfengestopftes norddeutsches Pilsener sollte sich demnach als helles indisches Lagerbier identifizieren. Lager drohen denn auch den Erdenkern dieser nur als postkoloniale „cultural appropriation" zu wertende Bierstilbezeichnung, sollten die Ritter des Wokismus weiter Boden gutmachen.

Kulturelle Aneignung geschieht beim norddeutschen Pils zuweilen aber auch auf andere Weise: Nicht nur die Marke Jever wird bei Brauern und Biersommeliers oft zur Veranschaulichung des Bierfehlers „Lichtgeschmack" herangezogen. Helle, schlanke und vor allem stark (bitter-) gehopfte Biere reagieren sehr empfindlich auf UV-Strahlung. Bereits bei kurzer Lichteinstrahlung entsteht das schwefelartige Terpenoid MBT (3-Methyl-2-buten-1-thiol), das sensorisch von Tierfreunden als Stinktiergeruch, von Drogenkennern jedoch als Haschischaroma wahrgenommen wird. Braune Bierflaschen verhindern den ungewollten Einfluss des UV-Lichts. Bei größeren Unternehmungen – Jever gehört übrigens zur Radeberger

Gruppe – setzen zuweilen Marketingabteilungen ihren Willen gegenüber den auf hohe Bierqualität ausgerichteten Brauern durch, und so entstand durch das vehemente Festhalten an der grünfarbigen Flasche etwas, das in der Brauwelt als „Jever Hausgeschmack“ bezeichnet wird. Unter Hausgeschmack versteht man eine Geschmacksnuance, die nur in dieser einen Brauerei vorkommt, sei es wegen des besonderen Wassers, wegen besonderer Hopfen oder Malze, wegen einer speziellen „Brauereiflora“ oder eben wegen der besonderen Handhabung des Bieres. Bei Jever ist es Letzteres, das den einschlägigen Flaschenbier-Trinker permanent an einen Joint erinnert.

Das allzeit vor UV-Licht geschützte Fassbier dagegen weist naturgemäß keinen Lichtgeschmack auf, und diese Tatsache birgt ein gewaltiges Streitpotenzial zwischen eingefleischten Jever-Flaschenbiertrinkern und Jever-Fassbierwirten. Den aus dem Heimkonsum gewöhnten Hanfgeschmack entbehrend, sind die Flaschentrinker nicht selten und felsenfest davon überzeugt, das ihnen gerade frisch eingeschenkte Fassbier könne niemals echtes Jever Pilsener sein. Und so geschieht es an den Theken Norddeutschlands zuweilen, dass wegen der grünglasigen Nacherzählung von Platons Höhlengleichnis der friesische „War on Drugs“ ausbricht. Die Moral von der Geschicht: Traue keinen grünen Flaschen nicht!

Die oder wir?

zuerst erschienen in ef 227 (November 2022)

Genussvoll durch die Krise

Alles ist relativ, wusste Albert Einstein. Darauf beruht die Erkenntnis, dass, würde Mann nackt mit Überlichtgeschwindigkeit um einen Baum rennen, er dasselbe erleben würde, was die Bevölkerung jetzt zu spüren bekommt: eine (Selbst-) Vergewaltigung. Und dabei ist es egal, ob man das Kreuz bei den derzeit amtierenden Vergewaltigern gemacht hat oder bei „den Guten". Die Dämmerung der real existierenden Parteiendemokratie offenbart: Alle Katzen sind rotbraun.

Relativ zierlich erscheinen dem Betrachter die unlängst auf dem Münchner Oktoberfest ausgeschenkten Maßkrüge, die sich in den Pranken einiger prominent selbst abgelichteter graziöser Dranktonnen verstecken. Wer schon einmal auf der Wiesn war, hat Respekt vor diesen riesigen Krügen, auch wenn sie traditionell nur zu 90 Prozent befüllt werden (*siehe Seite 27 ff.*). Respekteinflößend waren auch die opulenten Vesperplatten aus Leberkäse und anderem Wurstwerk, die sich zwischen den feiernden Fleischbergen auftürmten. Gleichsam predigen sie solidarischen Verzicht auf vermeintlich klimaschädliches Fleisch, propagieren sie Waschlappenwaschen, In-die-Dusche-Pinkeln und, das ist bei allem humorigen Sarkasmus unverzeihbar, zwingen sie nach wie vor unsere Kinder dazu ihre Atemorgane mit Masken zu beschädigen, während sie selbst mitsamt des journalistischen Mainstream-Hofstaates maskenfrei vergnügt durch die Welt jetten. Es sind jene stolz getwitterten Selfies, die längst geleerte Bierfässer zum Überlaufen bringen können.

Obwohl die Menschen und Speisen auf den Bildern eine andere Wahrheit verkünden sollen, weiß es doch ein jeder: Die fetten Jahre sind längst vorbei und allerorten kämpfen Unternehmer und Mitarbeiter um das Überleben unzähliger Betriebe und um ihre Arbeitsplätze. Auch die Brauwirtschaft hat es erneut hart getroffen. Bereits seit über 30 Jahren ist der Bierkonsum rückläufig. Immerhin konnte der vor einigen Jahren über den großen Teich geschwappte Trend zu kreativem, aber auch traditionellem handwerklich gebrauten Bier wesentlich dazu beitragen, das Brauereisterben zu stoppen. Die Zahl der betriebenen Braustätten in deutschen Landen schoss von 1.178 im Jahr 1990 kontinuierlich in die Höhe und erreichte im Jahr 2019 mit 1.552 ihren Höchststand. Rund 96 Prozent dieser Brauereien stoßen weniger als 200.000 Hektoliter pro Jahr aus, sind also kleine bis mittelständische, oft familienbetriebene Handwerksbetriebe, nicht selten aber auch Start-ups von Nachwuchsbrauern, die den großen Schritt gewagt haben, sich ihren Traum von der eigenen Biermanufaktur zu erfüllen.

Der plandemiebedingte Lockdown-Raubzug forderte bereits einen schmerzhaften Tribut und ließ bisher mindestens 40 Brauereien über den Jordan gehen. Die nun künstlich geschaffene Preisexplosion auf den Energie- und Rohstoffmärkten bringt die Klinge des Schnitters auf ungeahnte tödliche Schärfe. Das mit Klimateufeln eng befreundete Kohlendioxid ist ein Abfallprodukt der Düngemittelproduktion, die wegen des solidarischen Gaspreises in Deutschland unrentabel geworden ist und weitestgehend eingestellt wurde. Glücklicherweise exportiert der Russe noch Dünger, denn er wird dringend benötigt und ist deshalb von den Sanktionen ausgenommen. Das bei der russischen Düngemittelproduktion nicht nur von unserem libertären Lieblingsbarden Martin innig geliebte CO2 verbleibt jedoch bei diesem heuchlerischen Großspiel im Schoß von Mütterchen Russland. Für die Brauwirtschaft eine Katastrophe, denn Kohlendioxid ist ein wichtiges Prozessgas. Es treibt das Bier nicht nur schonend und ohne ungewollte Fremdreaktionen aus dem Fass in die Zapfanlage, sondern zuvor auch aus dem Gärtank in die Abfüllanlage(n) und dann ins Fässchen, in die Flasche oder den Transport- oder Ausschanktank. CO2 ist sozusagen das Antriebsmittel für Bier. Nun ist es knapp und weg, verflüchtigt und unbezahlbar oder noch beim Iwan. In vielen Betrieben musste deswegen die Bierproduktion eingestellt werden, etwa bei der Vereinsbrauerei Apolda oder der Eichsfelder Braumanufaktur.

Das entspricht offenbar aber genau dem Plan des sogenannten Wirtschaftsministers. Bei allem Respekt vor seiner Einfältigkeit muss man ihm zugestehen, dass er die Unternehmer immerhin nicht für so dumm hält, dass sie ihre tragische Rolle in diesem Trauerspiel bis zum bitteren Ende spielen. Er erwarte keine Insolvenzwelle, versucht er Optimismus zu heucheln. Der brave Michel wird stattdessen – so viel Entscheidungsbefugnis wird ihm immerhin noch zugestanden – rechtzeitig aufhören zu produzieren und den Verkauf einstellen. Somit bleibt ihm noch etwas Substanz, um das letzte Hemd beim nahenden Lastenausgleich in die Kollekte werfen zu können.

Der Produktionsrückgang verläuft zuweilen schleichend. Vielerorts wird zunächst Personal abgebaut, ohne ganze Betriebe zu schließen. Und obwohl der ministeriale Wirtschaftssaboteur im Televisor dazu aufruft, Brot statt beim örtlichen Bäcker fortan im Discounter zu kaufen – analog betrifft das natürlich auch das flüssige –, geht es den Großen der Branche nicht unbedingt besser. In Gotha wird der Standort der Oettinger Brauerei zum Jahreswechsel geschlossen. In Frankfurt am Main trifft es die zur Radeberger Gruppe (Dr. Oetker) gehörende Binding Brauerei. Ein Resultat der durch die Inflationierung geschaffenen Immobilienblase ist übrigens, dass die Brauereibetreiber mit einst zentralen innerstädtischen Standorten beim Umzug auf die grüne Wiese oder eben vor einer Schließung noch einmal richtig Kasse machen. Und so trifft dieser neue Raubzug überwiegend kleine und mittelständische Brauereien, deren Eigentümerfamilien keine hektargroßen Areale inmitten von Frankfurt, Hamburg oder München ihr Eigen nennen. Es sind häufig die seit vielen Generationen und in mehreren Generationen zusammenarbeitenden Familienbetriebe. Viele vereinen – wie beispielsweise noch in Oberfranken zu finden – die gesamte Wertschöpfungskette: Landwirtschaft, Handwerksbrauerei und Gastronomie. Mit ihrem Niedergang schwinden nicht nur die Tradition und Identität der jeweiligen Brauerfamilie und Region, sondern in Summe eine jahrtausendealte Biervielfalt, Brau- und Trinkkultur. Verschwinden die Kleinbrauereien, Schänken und Kneipen, die soziale Ankerplätze im Dorf, im Städtchen, im Karree sind, erschwert das die Vernetzung der Menschen und erhöht gleichermaßen ihre Regierbarkeit.

„Es ist ein Grundbedürfnis der Deutschen, beim Biere schlecht über die Regierung zu reden.“ Dieser, Bismarck zugeschriebene Ausspruch, verursacht mir beim Lesen immer sehr großen Durst. Wenn es Ihnen ähnlich geht, suchen Sie den nächsten Brauereiausschank oder das nahegelegene Gasthaus auf! Genießen wir die (noch) reiche Biervielfalt unseres Landes. Solange man dafür noch ein anständiges Bier bekommt, gibt es keine Alternative zum Versaufen von Fiatgeld! Werden wir dabei aber nicht müde, unsere gefürchteten Stammtischparolen zu propagieren! Vernetzen wir uns analog im „Real Life“ und erobern wir uns die Bierzelte und vor allem unsere Souveränität zurück! Sie wissen ja: Keinen Bierkrug den neosozialistischen Ausbeutern aller Parteien und Länder! Mehr Freiheit!

Heiltrank Bier und die Krise der Brauwirtschaft

zuerst erschienen in ef 228 (Dezember 2022)

Alles eine Frage des richtigen Lobbyismus

Zu Beginn der vermutlich größten Wirtschaftskrise aller Zeiten blicken nun viele darbende Branchen missgünstig auf die Pharmaindustrie zurück. (Mit Ausnahme der Rüstungsindustrie natürlich, die aktuell sogar von Big Pharma beneidet wird.) Bei allem berechtigten Neid sollten wir anerkennen, dass die exorbitanten Rekordgewinne von Firmen wie Biontech ein zwangsläufiges Ergebnis einer vorbildlichen Lobbyarbeit sind.

Auch der deutsche Brauerbund bemüht sich um gutmenschliche Lobbyarbeit. So werden beispielsweise seit 2002 alljährlich zumeist Politiker medienwirksam zu „Bierbotschaftern" ernannt. Unter den erlauchten Namen findet sich das Who is Who des deutschen Antikapitalismus: Norbert Blüm, Frank-Walter Steinmeier, Peter Altmaier, Cem Özdemir, Sigmar Gabriel und Winfried Kretschmann. Es verwundert daher nicht, dass der Brauerbund sich neben den Forderungen nach Staatshilfen vornehmlich mit Kampagnen zu „verantwortungsvollem" Bierkonsum begnügt. De facto macht er sich damit die jegliche Lebensfreude negierende Botschaft des woken Mainstreams zu eigen, unser guter, alter deutscher Gerstensaft sei ungesundes Teufelswerk. Die unmündige Bevölkerung müsse davor gewarnt und gerettet werden, indem sie zu mehr Verzicht angeleitet werde.

Kein Wunder, dass der Bierkonsum seit Jahrzehnten rückläufig ist und beispielsweise heutige Fernsehkommissare kein Bier mehr beim Mittagessen genießen wie einst Stefan Derrick und Harry Klein.

Dabei ist Bier nicht nur gespeichertes Sonnenlicht und flüssige Lebenskraft, sondern seit Urzeiten ein Heilmittel. Sie als Leser dieser Kolumne wissen bereits um die Heilkraft des Hopfens. Er ist beruhigend, schlaffördernd und appetitanregend. Seine Bitterstoffe wirken antibakteriell. Seine Harze bergen krebsvorbeugende Antioxidantien sowie Polyphenole und Flavonoide, die das Herz-Kreislauf-System fördern und dabei helfen, Thrombosen, Herzinfarkte und Schlaganfälle zu verhindern.

Die Hefen, im Zusammenspiel mit dem gemälzten Getreide, entwickeln während der Gärung nicht nur beruhigenden und antiseptischen Alkohol, sondern vor allem die wertvollen Vitamine der B-Gruppe. Die B-Vitamine sind ganz unterschiedliche Stoffe. Bekannt sind sie vor allem für ihre positiven Auswirkungen auf Blut, Haut und Haare. Der menschliche Körper kann viele dieser wichtigen B-Vitamine nicht selbst herstellen. Sie bauen sich zudem schnell ab, weshalb es einer stetigen Aufnahme bedarf. Nicht von ungefähr empfahl Naturheilkundler Sebastian Kneipp, einen halben Liter Bier am Tag zu trinken.

Eines der besten Hausmittel gegen Erkältungskrankheiten ist warmes Bier, mit oder ohne Honig. In den südlicheren deutschsprachigen Landen trifft man zuweilen noch Biertrinker, die diese wärmende Heilkraft prophylaktisch anwenden. Für diese gesundheitsbewusste Spezies hält der gute Kneipier einen Bierwärmer im Gasthaus bereit. Das ist eine Art Tauchsieder, mit dessen Hilfe das frisch und kühl eingeschenkte Bier auf eine kuschelige Trinktemperatur angewärmt wird, bis es dann wohlig Kehle, Wanst und Geist beglückt. Diese Erwärmung kann übrigens heutzutage – wenngleich auch etwas zeitverzögert – klimafreundlich durch einen modernen Teelichtofen vorgenommen werden.

Eine weitere Methode, durch Erhitzen von Bier positive Resultate zu erzielen, ist das Bierstacheln. Einst von durstigen und fröstelnden Schmieden ersonnen, versenkt man einen zuvor erhitzten Eisenstab in das vorzugsweise malzbetonte Bier. Vorsicht: Klimaschädliches CO2 entbindet sich, und das Bier schäumt rasch auf und hoch. Die verdickte Spitze des Bierstachels wird nun mehrmals durch den Schaum geführt und erhitzt diesen. Anschließend wird serviert: Der Schaum küsst wohlig warm mit süßem Karamell – verbirgt unter seiner Obhut jedoch noch kühles Bier. Ein außergewöhnliches Genusserlebnis.

In pandemischen Zeiten vermag ein Rezept aus der Hansestadt Stade am besten zur Linderung beitragen: das Stader Eierbier. Die Zubereitung gleicht dem des Eiergrogs. Ganze Eier werden unter Zugabe von Honig unter kraftvollem, gleichmäßigem und ausdauerndem Rühren schaumig geschlagen. Anschließend wird die Schaummasse mit warmem Bockbier aufgegossen. Seine Ursprungsgeschichte erinnert übrigens an jüngste Begebenheiten. Zwischen 1590 und 1712 tobte die Pest auch in der Hansestadt Stade. Rund 2.500 Einwohner fielen ihr zum Opfer. Nur die Brauer, die sich berufsbedingt ständig selbst mit Bier behandelten, waren gefeit gegen die Pest und überlebten die offenbar von Abstinenzlern getriebene „Pandemie der Abstinenzler". Zwangsläufig fiel den einzigen Überlebenden, den Brauern, schließlich das Privileg der Totenbestattung zu. Dieses wird tatsächlich noch heute durch die Stader Brauergilde, die sogenannte Gertruden-Bruderschaft ausgeübt.

Bedauerlicherweise wurde es in den letzten Jahren von den Lobbyisten der Brauwirtschaft versäumt, auf die vielen gesundheitsfördernden Eigenschaften des Gerstensaftes hinzuweisen. In welchem Ausmaß Bier tatsächlich und in welchen Dosen eine positive Heilwirkung innewohnt, vermag ich nicht zu beurteilen. Betrachtet man die aktuellen Zahlen zur Übersterblichkeit, vor allem bei jungen, aktiven, sportlichen und „geimpften" Menschen, läuft es mir kalt den Rücken herunter. Und dieses Schaudern lässt sich nicht einmal mit warmem Bier bekämpfen.

„When in Cologne, drink as the Colognians do!“

zuerst erschienen in ef 229 (Jan./Feb. 2023)

Aber bewusst

Es gibt wohl kaum ein Bier, das außerhalb seiner Heimat ein despektierlicheres Ansehen genießt als das Kölsch. Eine Facette des alten Wettstreits der beiden Rheinmetropolen Köln und Düsseldorf schimmert – je nach Standpunkt des Betrachters – im Licht oder im Schatten des Gerstensaftes. Hell oder dunkel. Hellau oder Alaaf. Kölsch oder Alt. Es kann nur eines geben.

Die vehemente Ablehnung des Kölschs durch die vermeintlich lauteren Altbiertrinker mag ein Grund sein, weswegen das Kölsch landläufig einen verhältnismäßig schlechten Ruf hat. Ein anderer liegt aber sicherlich in seiner Natur, in seiner flüchtigen Leichtigkeit, die die meisten Bierliebhaber in deutschen Ländern als Leere und Mangel interpretieren. Aber auch ausländische Bierkenner zerreißen sich die Lästerzungen: „Einige der schlimmsten Katertage meines Lebens habe ich dieser Plörre zu verdanken. Es ist mir unbegreiflich, wie man sich das freiwillig durch den Hals jagen kann, wo es in Deutschland so wunderbare Biere gibt“, sagt Bruce Dickinson, Bierenthusiast und Sänger der britischen Heavy-Metal-Band Iron Maiden.

Ein im Jahr 2016 von der Hochschule Düsseldorf durchgeführtes konsumentenpsychologisches Experiment konnte übrigens aufzeigen, dass selbst eingeschworene Altbier- und Kölschtrinker große Schwierigkeiten haben, die beiden Bierstile in der Blindverkostung auseinanderzuhalten. Der über Jahrzehnte durch die großen Braukonzerne konditionierte Einheitsgeschmack lässt selbst ursprünglich deutlich unterschiedliche Biere charakterlos verschwimmen.

Dass der Bierstil Kölsch außerhalb Kölns nur wenige Anhänger gefunden hat, ist wohl zum größten Teil Verdienst der Kölner Brauer selbst. Im Jahr 1986 unterzeichneten 24 Brauereien aus Köln und dem nahen Umland die Kölsch-Konvention und suchten damit ihre Interessen zu schützen. Der junge Bierstil Kölsch wurde darin erstmals klar definiert und die Herstellung von Kölsch unter dem Namen „Kölsch“ ausschließlich Brauereien in Sichtweite des Kölner Doms gestattet. Das für Kartelle zuständige Bundeskartellamt gab dem Kartell dann auch seinen Segen, und 1997 bestätigte die EU die Exklusivitätsrechte der Kölner Brauereien.

Diese Bindung des Bierstilnamens an die Herkunftsbezeichnung sorgte dafür, dass Brauereien weit außerhalb Kölns kein Bier Kölner Brauart produzieren dürfen. Damit blieb es regional und konnte keinen internationalen Siegeszug antreten wie beispielsweise das Pilsener.

Die Kölsch-Konvention definiert das Bier als blankes, obergäriges Vollbier. Blank bedeutet feinfiltriert, weswegen Kölner Gasthaus- und Handwerksbrauer ihre naturtrüben Zwickelvarianten nicht „Kölsch“ nennen dürfen, sondern sie als „Wieß“ bezeichnen. Das Wieß ist das Kölner Weißbier, ein ursprünglicher, unfiltrierter Vorgänger des

Kölschs. Wie beispielsweise das belgische Witbier, das wallonische Saison oder eben das Düsseldorfer Altbier hat sich das Wieß aus dem mittelalterlichen Keutebier entwickelt. Wieß wird nicht nur mit Gerstenmalz gebraut, sondern hat immer auch einen Anteil Weizenmalzschüttung, der die Schaumkonsistenz begünstigt.

Das Kölsch hingegen kann, muss aber kein Weizenmalz enthalten. Kölsch ist schlank, besitzt also wenig Malzkörper, da beim Maischen gezielt Zuckerarten produziert werden, die von der Hefe während der nachfolgenden Gärung zu Alkohol und Kohlendioxid verstoffwechselt wird. Es bleibt somit verhältnismäßig wenig Restsüße. Kölsch gilt zwar als hopfenbetontes Bier, fällt aber nicht durch übermäßige Bittere auf. Seine feinen Hopfennoten harmonieren dezent im Zusammenspiel mit den estrigen Aromen der obergärigen Hefe. Die Stammwürze liegt bei rund 11,5 Prozent und der Alkoholgehalt leicht unter fünf Prozent. Traditionell wird das strohgelbe Bier in der 0,2-Liter-Stange vom Ober, dem „Köbes“, ausgeschenkt, der so lange ungefragt Nachschub liefert, bis der Gast einen Bierdeckel auf das Glas legt.

Die Schlankheit, die ausgewogene Leichtigkeit, das Servieren in kleinen Gläsern und eine abendlich gut funktionierende Lieferkette können den Kneipenbesucher zu einem süffigen Trinkerlebnis verführen, bei dem er leicht den rechtzeitigen Absprung verpassen kann. Der von Bruce Dickinson beklagte Kater ist also primär nicht Folge einer minderen Qualität, sondern eher einer höheren Quantität und somit allein vom Konsumenten zu verantworten.

Die amerikanischen Craftbeer-Brauer scheren sich übrigens einen feuchten Kehricht um deutsche Konventionen oder EU-Recht. German-Style-Kölsch ist beim größten Bierwettbewerb der Welt, dem World Beer Award, eine eigene Kategorie. Hier räumen mittlerweile fast ausschließlich amerikanische Brauereien die Medaillen ab. Die letzte Goldmedaille an eine deutsche Brauerei ging 2002 an Erzquell für ihr Zunft-Kölsch.

Anders sieht es jedoch bei europäischen Wettbewerben aus. Nur ausländische Biere, die das Wort „Kölsch“ nicht im Namen führen, können überhaupt teilnehmen. Auch im brasilianischen Blumenau, ein Ort mit einer großen deutschstämmigen Bevölkerung, wird unbehelligt ein Eisenbahn-Kölsch gebraut. Versuche, innerhalb der EU mit Kölsch oder sogar nur Anlehnungen an die Markenbezeichnung (Fölsch, Gölsch, Sölsch, Colonius) auf dem Markt teilzunehmen, werden konsequent vom Kölner Brauerei-Verband juristisch verfolgt.

Naturgemäß wirken sich Kartelle nie sonderlich positiv auf die Konsumenten aus. Potenzielle Mitbewerber werden ausgeschlossen und Preise entstehen in erlauchten Kreisen in Hinterzimmern und nicht im freien Wettbewerb. Folglich sind sie oft überteuert.

Der Ausschluss von Mitbewerbern ist auch in anderer Hinsicht unethisch: Die hohen Margen verlocken zur Unredlichkeit: Im Jahr 2018 wurden zwei Brüder zu Haftstrafen verurteilt, weil sie über mehrere Jahre unbemerkt im Sauerland gebrautes, billigeres Bier als Markenkölsch umdeklarierten und über ihren Getränkehandel an die Gastronomie zu Sonderkonditionen verkauft hatten. Die

Erkenntnisse der oben genannten Studie im Hinterkopf, überrascht es nicht, warum es den allermeisten Konsumenten nicht aufgefallen ist.

Der bewusste Biertrinker genießt und ergründet den Charakter seines Getränks mit allen Sinnen. Da die heutigen Massenbiere in dieser Hinsicht wenig zu bieten haben, empfiehlt sich auch beim Ausflug ins gastronomische Köln die Wahl von Sorten kleinerer, unbekannterer Brauereien von Kölsch und vor allem Wieß. Anderswo gibt es sie nicht.

Bier als Quelle der Zivilisation?!

zuerst erschienen in ef 230 (März 2023)

Über die historischen und religiösen Grundlagen des gebrauten Genusses

Das ist nicht dein Bier!“ Kennen Sie ihn noch, den leicht antiquierten Ratschlag, dass man sich nicht um fremde Angelegenheiten kümmern möge? Und in der Tat, spätestens beim Bier hört der Spaß auf. Falls Sie mir nicht glauben, gehen Sie bitte schnurstracks in eine linke Szenekneipe und versuchen, dem erstbesten selbstgefälligen Kollektivisten sein Bier zu konfiszieren. Ich fürchte, auch das Rezitieren der These Proudhons, „Eigentum ist Diebstahl“, mag hier wenig besänftigen. Der faule Neider lehnt zur Rechtfertigung seiner Trägheit das Privateigentum am Produktivkapital ab, verteidigt hingegen den Besitz an seinen Konsumgütern und vor allem vermeintliche Anrechte darauf naturgemäß bis aufs Blut. Die Negierung des Possessivpronomens zweite Person Singular ist daher die verbale Verteidigung des unantastbaren ureigensten Eigentums, das der Mensch besitzen muss, um zu existieren: Nahrung. Bier ist Nahrung. In Zeiten, in denen der Gast dem Wirt Nachweise über den ärztlichen Behandlungsstatus vorzeigen muss, scheint hingegen der metaphorische Sinn völlig obsolet. Das Bierglas ist naturgemäß gläsern und in der schönen neuen resetteten Welt soll das auch für seinen Konsumenten gelten.

Aber bleiben wir lieber beim Bier, das ist erfreulicher. Was ist das überhaupt? Als Bewohner deutscher Lande verbindet man die Definition sofort mit dem bayrischen Reinheitsgebot von 1516 und den dort genannten Zutaten: Wasser, Gerstenmalz, Hopfen. Die Welt des Bieres war und ist jedoch viel komplexer. Bier ist ganz allgemein ein vergorener Getreideextrakt, und allein das Spektrum der Getreidearten ist unglaublich groß. Neben Gerste, Weizen, Roggen und Hafer finden wir Mais, Reis, Emmer, Dinkel, Einkorn, Hirse und diverse Unterarten und Kreuzungen. Sake, auch als japanischer Reiswein bekannt, ist ein Bier, wenngleich nicht nur Hefe, sondern auch Schimmelpilze bei der Vergärung eine entscheidende Rolle spielen.

Es ist belegt, dass Getreide bereits vor mehr als 10.000 Jahren infolge der neolithischen Revolution im Gebiet des sogenannten Fruchtbaren Halbmondes angebaut wurde. Wildgetreide wurde nachweislich schon vor 32.000 Jahren zu Mehl weiterverarbeitet und als Nahrung verwendet. Der Ursprung des Bieres hingegen ist nicht gänzlich bekannt. Es ist vermutlich ein Zufallsprodukt aus angekeimten Getreide und Brot beziehungsweise Brotteig und (Regen-) Wasser, das zusammen unbemerkt in einem Gefäß einige Tage unter dem Einfluss wilder Hefen vergären konnte. Offenbar schmeckte dieser Trunk zumindest so weit passabel, dass der erste Biertrinker der Welt genug davon verinnerlichte, um seinen metaphysischen Wert zu erkennen. Rasch verbreitete sich die Kunde von diesem magischen Trank, denn der Wechsel des Aggregatszustandes von fest zu flüssig machte Getreide eben nicht nur trinkbar, sondern verlieh ihm eine bis dato weitestgehend unbekannte bewusstseinsverändernde und spirituelle Wirkung.

So verwundert es nicht, dass Bier bei den Sumerern als Gottesgeschenk betrachtet wurde. Die wichtigste Gottheit war Ninkasi. Sie wurde als Erfinderin der Braukunst verehrt. Ihre Hymne war ein Bierrezept, das Aufschluss über die steinzeitlichen Brauverfahren gibt. Als Schüttung wurden, neben keimendem Getreide, ein zerbröseltes zwiebackartiges Brot und je nach Rezept und Verfügbarkeit Datteln, Trauben, Honig und verschiedene Gewürze verwendet und mit Wasser vermengt. Hopfen war noch unbekannt. Bierkonsum galt als Ausflug in die Götterwelt, sein Rausch war eine Annäherung an die Göttlichkeit. Damals wie heute hilft Bier, die von den Göttern geschaffene, aber von den Menschen oft als unvollkommen wahrgenommene Welt und ihre Unbill zu ertragen.

Für die noch junge sesshafte Menschenzivilisation im Nahen Osten bedeutete die Erfindung des Bieres noch einen weiteren Meilenstein: Mit ihr konnte man Nahrung konservieren, denn der enthaltene Alkohol tötete Keime und verhinderte ein schnelles Verderben. Bald schon wurde es auch zum Handelsgut. Die Sumerer exportierten ihr Bier unter anderem bis nach Ägypten. Es dauerte nicht lange und die Ägypter erlernten selbst das Brauhandwerk und perfektionierten es weiter. Der Totengott Osiris und seine Tochter, die Liebesgöttin Hathor, waren gleichermaßen Schutzpatrone des Bieres. Neben der spirituellen Bedeutung – zur Gewährleistung einer fruchtbaren Ernte kopulierten Priesterinnen mit zuvor mittels Bier berauschten Jünglingen – fußte das gesamte wirtschaftliche und soziale Gefüge des Nilreiches auf der Herstellung und der Verteilung von Getreide und seinen Produkten Brot und Bier. Ein Teil des Arbeitslohns wurde in Bier ausgezahlt. Es wurde Zahlungsmittel. Das in der eingangs zitierten metaphorischen Redewendung betonte Eigentumsmerkmal ist also seit Jahrtausenden natürlich im Bewusstsein der Menschheit verbrieft und tief verankert. Bier fällt nicht vom Himmel, und wenn Menschen es nicht brauen, ist seine Knappheit unendlich. Oh weh.

Aus diesem Grund waren bei den alten Ägyptern Bier, Gefäße und Zutaten sehr wichtige Grabbeigaben. Selbst ganze jungsteinzeitliche „Brauanlagen“ sollen den Toten mit auf den Weg gegeben worden sein, um für sie Reise und Ankunft im Totenreich erträglicher zu gestalten.

Jüngere Ausgrabungen in Israel und Anatolien lassen mittlerweile einige Forscher die These vertreten, dass die Menschen der Jungsteinzeit nur deswegen mit dem Ackerbau begonnen haben, damit sie genug Getreide produzieren konnten, um ihren Bedarf an Bier zu decken. Die Archäologen vermuten, dass diese frühen Kulturen regelmäßig orgiastische und rituelle Feste mit Unmengen an Bier begangen haben. Dieses ließ sich in den erforderlichen Mengen nicht durch Sammeln von Wildgetreide herstellen. Die Sucht nach Rausch war demnach ein Antreiber der Zivilisation. Nicht befriedigte Bedürfnisse machen erfindungsreich. Aufgrund der Wirkung des Alkohols könnte dieser Effekt aber auch reziprok gewirkt und sich somit wiederum verstärkt haben: Das durchs Trinken erweiterte Bewusstsein und die beschwipst beflügelte Phantasie einer zunehmenden Anzahl von Biertrinkern aktivierten ein größeres Potenzial von Menschen mit unkonventionellen Ideen zur Innovation und mehr Risikobereitschaft, das zu häufigeren Trial-and-Error-Versuchen und somit zivilisatorischen Resultaten geführt haben mag.

Vielleicht ist es kein Zufall, dass seit einigen Jahren ein Rückgang der Zivilisation beklagt wird, während gleichermaßen die Brauwirtschaft seit einigen Dekaden unter einem stetigen Einbruch des Bierabsatzes leidet. Abgesehen von der Klimawissenschaft gilt bekanntermaßen der Leitsatz „Korrelation ist nicht zwangsläufig Kausalität", und ich fordere Sie deshalb nicht auf, Ihren Nachwuchs anzustiften, die Anwesenden der nächsten Uno-Vollversammlung mit den Worten anzugeifern: „Why you drink so little beer? How dare you?"

Erfreuen Sie sich lieber an einem zivilisierten Bier Ihrer Wahl und zu jeder göttergegebenen Zeit. Seien Sie sich dabei bewusst: Unzählige Bierbrauer aus rund 500 Menschengenerationen und ihre Götter haben alle an Ihrem Genussmoment mitgewirkt.

Der gute Ruf der Radeberger Brauerei

zuerst erschienen in ef 231 (April 2023)

Über Sachsen, Liechtenstein und den „Export“ von Pilsener

Das größte Brauereiunternehmen in Deutschland ist die Radeberger-Gruppe. Mit ihren 60 Biermarken stieß sie 2019 rund 13 Millionen Hektoliter aus, erreichte einen Marktanteil von rund 15 Prozent und erwirtschafte einen Umsatz von 1,9 Milliarden Euro. Sie befindet sich im Besitz der Dr. August Oetker KG. Wer allabendlich seine Tiefkühlpizza nebst Pudding mit einem Jever, Schöfferhofer, Berliner Kindl oder nur einem schnöden, aber originalen Selters herunterspült, komplettiert die Wertschöpfung des größten Lebensmittelkonzerns Deutschlands. Die Getränke sind bei Oetker für gut ein Viertel des Umsatzes verantwortlich. Bis 2002 hieß dieser Zweig noch Binding-Gruppe, benannt nach der ebenfalls zugehörigen Binding Brauerei in Frankfurt. Offenbar war man bei Dr. Oetker der Ansicht, die Marke Radeberger habe eine größere Strahlkraft. Trotz des namentlichen Umzuges nach Sachsen beließ man den Firmensitz in der Mainmetropole.

Die Ursprünge der Radeberger Exportbrauerei gehen auf das Jahr 1872 zurück. Parallelen zur modernen Craftbier-Bewegung drängen sich auf: Fünf Radeberger Jungs war das ihnen bis dato in ihrer Heimat vorgesetzte Bier schlicht zu schlecht und so taten sie sich und legten Geld zusammen, um das damals neuartige Pilsener Bier erstmalig in Deutschland, auf der anderen Seite des Erzgebirges, zu brauen. Ein gutes Pils benötigt ein weiches, kalkarmes Brauwasser, das in Quellen im nahegelegenen Karswald reichlich vorhanden ist. Im Jahr 1901 wurde eine 7,5 Kilometer lange Wasserleitung direkt zur Brauerei verlegt, um die Versorgung mit dem erstklassigen Wasser sicherzustellen. Trotz anfänglicher wirtschaftlicher Schwierigkeiten und zwischenzeitlicher Insolvenz zahlten sich die Investitionen aus. 1905 erfolgte der königliche Ritterschlag, als das Radeberger Pilsener per Dekret zum „Tafelgetränk“ seiner Majestät Friedrich August III. von Sachsen erklärt wurde. Hans-Hermann Hoppe hat die Vorteile von Monarchien über Demokratien für die Bevölkerung, die ja die jeweilige Herrschaftsform ertragen muss, ausgiebig erläutert. Für Unternehmen taugen Aristokraten aber auch als Marketingmaskottchen. Demokraten hingegen nicht. Man stelle sich die Reaktionen vor, Frank-Walter Steinmeier würde ein alkoholhaltiges Getränk zu seinem präsidialen Leibtrunk erklären. Olaf Scholz hingegen hätte immerhin eine plausible Erklärung für seine Demenz, mit der er schamlos kokettiert.

Steinmeiers und Scholzens DDR-Genossen waren immerhin so gerissen, den guten (vermeintlich verhassten) sächsisch-königlichen Ruf des Radeberger Bieres zu nutzen, um für sich wichtige Devisen zu generieren. Radeberger Bier war faktisch für den normal sterblichen Bürger der DDR nicht kaufbar. Das Pils wurde fast ausschließlich in den Westen exportiert oder gegen West-Währung in Interhotels und Intershops angeboten. Dafür musste wiederum die Qualität stimmen, und während das Tagesgeschäft

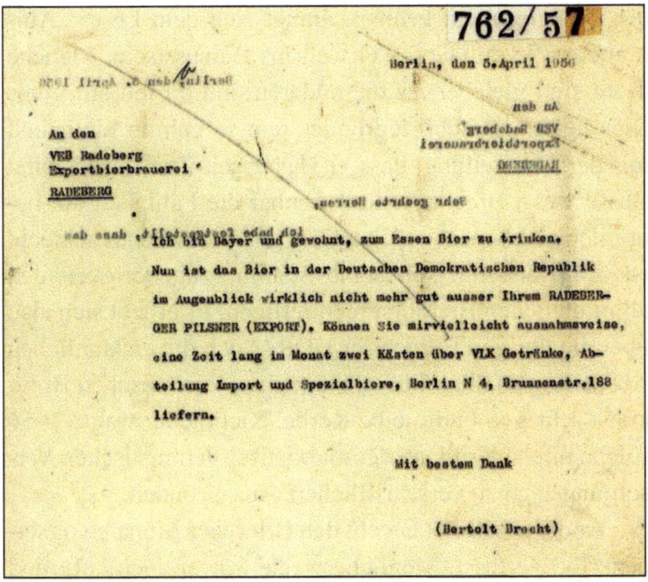

762/57

Berlin, den 5.April 1956

An den

VEB Radeberg
Exportbierbrauerei

RADEBERG

Ich bin Bayer und gewohnt, zum Essen Bier zu trinken. Nun ist das Bier in der Deutschen Demokratischen Republik im Augenblick wirklich nicht mehr gut ausser Ihrem RADEBERGER PILSNER (EXPORT). Können Sie mir vielleicht ausnahmsweise, eine Zeit lang im Monat zwei Kästen über VLK Getränke, Abteilung Import und Spezialbiere, Berlin N 4, Brunnenstr.188 liefern.

Mit bestem Dank

(Bertolt Brecht)

„Animal Farm“: Manche Schweine oder Dichter sind im Sozialismus immer noch gleicher als die anderen

der rund 280 DDR-Braustätten darin bestand, die sozialistische Mangellage zu managen, war in Radeberg die Versorgung mit hochqualitativer Braugerste und Hopfen, aber auch Technik gewährleistet. Neben dem vogtländischen Wernesgrüner war Radeberger sicher das beste Bier der DDR, aber tragischerweise nicht dafür gebraut, ihre Arbeiter und Bauern zu erquicken, sondern stattdessen den vermeintlichen Klassenfeind.

Der abgebildete Brief Bertolt Brechts an die VEB Radeberger Exportbierbrauerei ist in mehrfacher Hinsicht ein bezeichnendes Zeitdokument. Obwohl wir die Antwort der Brauerei nicht kennen, drängt sich dem Leser „Animal Farm“ von George Orwell ins Bewusstsein. Manche Tiere sind gleicher als die anderen und dürfen auf gutes Bier hoffen. Brecht begründet sein Begehren einleitend mit der Feststellung, dass er Bayer sei. Zum einen leitet Besserwessi Brecht daraus offenbar die Fähigkeit ab, beurteilen zu können, welches Bier gut und welches schlecht ist. Zum anderen soll seine Stammeszugehörigkeit den allmittäglichen Bierdurst rechtfertigen. Er erhebt sich also über die übrigen Bürger der DDR. Auch die erstaunlichen Auslassungen über die Resultate der sozialistischen Braukunst schlagen in dieselbe Kerbe. Nicht jeder wagte 1956 solche offene Kritik an der marxistisch-leninistischen Versorgungslage zu verschriftlichen. Aus Gründen.

Andererseits hat Brecht den Brief vier Monate vor seinem Tod verfasst. Möglicherweise war er auch aufgrund der desolaten Versorgung mit Bier bereits so geschwächt und verzweifelt, dass ihm ein Dasein im Gulag einerlei war. Bei aller Heuchelei, die dem Begehren nach Besserbehandlung mitschwingt, sei es dem großen sozialistischen Dichter und Dramaturgen rückblickend gegönnt, dass ihm sein Wunsch beschieden wurde und er sich an seinem Lebensabend noch an Radeberger Pils erfreuen konnte.

Das heutige Marketing knüpft an das historische Renommee an. Mit dem Sponsoring der Semperoper und Dynamo Dresdens wird die Verbundenheit mit der sächsischen Herkunft betont. Abgesehen von einem Alkoholfreien und einer exklusiv im Brauereiausschank am Dresdener Elbufer gezapften unfiltrierten Zwicklvariante fährt man eine klare Einsortenstrategie. Im Glas glänzt das Radeberger Pils goldgelb, gekrönt mit einem üppigen, jedoch schnell schwindenden Schaumkranz. Seine 34 Bittereinheiten sind perfekt durch den leicht süßlichen und brotigen Körper ausnivelliert. Unverkennbar ein typisches feinherbes Pils, erfrischend und süffig ruft es nach mehr.

Der Name Radeberger Exportbierbrauerei lässt den Fehlschluss zu, dass dort der Bierstil Export gebraut wird. Diese dem Pils verwandte, ebenfalls untergärige Biergattung ist jedoch stärker und gehaltvoller. Wie oben bereits erwähnt, befand sich Radeberg zur Zeit seiner Gründung in der staatlichen Entität Königreich Sachsen. Schon früh wurde ein Großteil des produzierten Bieres außerhalb Sachsens verkauft, also exportiert. Wenn sich alsbald die Vision von einem Europa der tausend Liechtensteins erfüllt hat, wird sich endlich nahezu jede Bierproduktionsstätte „Exportbrauerei“ nennen können. Darauf sollten wir trinken!

Hopfen – Opium fürs Volk?

zuerst erschienen in ef 232 (Mai 2023)

Zauberkraut für den Zaubertrank

Der Volksmund nennt ihn poetisch die Seele des Bieres. Die Botaniker definieren ihn als rechtswindige Kletterpflanze aus der Familie der Hanfgewächse. Fachmännisch bezeichnen sie ihn als „Humulus lupulus". Lupulus steht sinnbildlich für den jungen Wolf, der das Schaf, in diesem Fall in Form einer Wirtspflanze, erdrosselt. Ursprung und Bedeutung von „Humulus" ist hingegen unklar. Es wird vermutet, dass eine etymologische und semantische Verbindung zum arischen „Haoma", einer heiligen Pflanze der Zoroaster besteht. „Haoma" soll wiederum mit dem vedischen „Soma" verwandt sein, ein in den indischen Veden beschriebener Rauschtrank der Götter. In Aldous Huxleys Roman „Brave New World" hat die Beruhigungsdroge Soma die wichtige Aufgabe, die beschriebene dystopische Welt weiterhin schön aussehen zu lassen.

Hopfen wird vermutlich erst seit dem achten. Jahrhundert bei der Bierherstellung eingesetzt, ist jedoch heute eine der vier eminenten Zutaten. Abgesehen von einigen (mittelalterlichen) Gruitbieren – die tatsächlich nach wie vor ohne Hopfengabe gebraut werden – ist er unabkömmlich für alle Bierstile. Bei den meisten Bieren hält der Hopfen sogar eine Doppelfunktion inne: Er sorgt erstens für die erfrischende Bittere, die den Malzkörper im Zaum hält und im Abgang die Süße von Gaumen und Zunge abräumt. Während die anderen Geschmacksnuancen schnell nach dem Herunterschlucken schwinden, bleibt die Bittere noch eine Weile präsent und klingt dann angenehm ab. Dieses sensorische Erlebnis bewirkt, dass sich beim Trinker alsbald das Verlangen nach einem weiteren Schluck einstellt. Ein für Konsument, Brauer und Wirt gleichermaßen überlebenswichtiger Vorgang. Zweitens steuert Hopfen wie keine der anderen Zutaten eine riesige Aromenbandbreite bei. Man unterscheidet vier Hauptaromen: krautige, fruchtige, blumige und harzige, die sich jeweils in Hunderte von Nuancen aufteilen. Im Wechselspiel mit den Noten, die von Malz und Hefe beigesteuert werden, und durch die mannigfaltigen technologischen Einflüsse der verschiedenen Brauverfahren, Lagerungszeiten, Temperaturen und so weiter können die Brauereien ein unendliches Geschmacksuniversum erschaffen.

Aromahopfen ist ein unerlässlicher Bestandteil von vielen traditionellen Bieren, aber erst der Craftbeer-Boom hat sein wirkliches Potenzial geweckt. Seit dem Aufkommen der neuen Braubewegung in den 1970er Jahren sind parallel über hundert neue Hopfensorten gezüchtet worden, und jedes Jahr kommen etliche weitere hinzu. Die meisten dieser Sorten stammen aus dem Yakima Valley im US-Bundesstaat Washington. Nach der bayrischen Hallertau ist dies das zweitgrößte Hopfenanbaugebiet der Welt.

Während für die Bittere die im Hopfen enthaltenen Alphasäuren verantwortlich sind, kommen die Aromen aus den ätherischen Ölen. Die Alphasäuren isomerisieren zur Bittere allerdings erst durch ungefähr 60-minütiges Kochen in der Bierwürze. Flüchtige Stoffe, wie es die aromatischen ätherischen Öle sind, haben sich dann längst durch den Schornstein der Würzepfanne verabschiedet. Um sowohl eine markante Bittere als auch eine feine Aromanote zu bekommen, gibt der Brauer daher normalerweise zwei, manchmal drei oder sogar noch mehr Hopfengaben: erstens Bitterhopfen zu Kochbeginn, zweitens kurz vor Kochende und/oder nach der Kochung im Whirlpool (hier sedimentieren viele Trubstoffe der Würze durch den sogenannten Teetasseneffekt), drittens Kalthopfung im Lagertank.

Gerade die Kalthopfung ermöglicht es den Brauern, eine bemerkenswerte Aromenfülle und -intensität in ihre Biere zu zaubern. Die Aromen werden hier mittels Kaltauszug aus dem Hopfen gelöst. Der Vorgang ist in der modernen Brauerei technisch nicht ganz profan, denn nach der Hauptgärung wird das Bier normalerweise in Drucktanks gelagert. Man muss den Hopfen also unter Druckbedingungen in die Tanks bringen beziehungsweise ihn mit Bier spülen. Dafür wurden Gerätschaften ausgetüftelt, die markante Namen wie „Hop Gun", „Hop Rocket" oder „Hop Tang" tragen. Der beliebteste Craftbierstil IPA (*siehe Seite 23 ff.*) mitsamt seinen mittlerweile unzähligen Untersorten ist ohne Kalthopfung undenkbar, und der Craftbeer-Boom wäre ohne ihre Renaissance vermutlich ausgeblieben. Die Technik ist nämlich mindestens seit dem Mittelalter bekannt. Damals stopfte man den Hopfen in Form ganzer Dolden durchs Spundloch der Bierfässer in das fertige BBier – zum einen, um es haltbarer zu machen, denn der Hopfen besitzt eine konservierende Wirkung, zum anderen, weil der Wirt dadurch noch einen positiven Einfluss auf den Geschmack des Bieres nehmen konnte. Und so schmeckte ein und dasselbe Bier ganz unterschiedlich, je nachdem, wie viele Dolden die Wirte jeweils in die Fässer stopften und welche Sorten in ihren Gärten wuchsen, welche Böden die Hopfenpflanzen dort vorfanden und wie viel Sonne sie abbekamen.

Die Werthaltigkeit des Bitterhopfens wird allein durch seinen spezifischen, je nach Ernte und Anbaugebiet variierenden Alphasäuregehalt bestimmt. Weil die Bitterhopfensorten weitestgehend austauschbar sind, werden die Weltmarktpreise in Kilogramm pro Alphasäure gerechnet. Die großen Brauereien und Konzerne schließen in der Regel mehrjährige Lieferkontrakte über Alphasäure mit den Hopfenhändlern ab. Die Sorte spielt da keine Rolle. Ganz anders verhält es sich jedoch mit Aromahopfen. Da viele Hopfensorten einzigartige Aromen abgeben, sind sie oft schwer oder gar nicht durch andere Sorten zu ersetzen. Wenn Ernten schlecht ausfallen oder der Markt von größeren Playern leergekauft wurde, können die Preise steil durch die Decke gehen. Ein aktueller Hopfen-Derivat-Marktbericht prophezeit übrigens bis 2030 ein explosionsartiges Wachstum für den Hopfen-Terminmarkt.

Abgesehen von seiner Bittere und der unglaublichen Aromenvielfalt ist Hopfen bereits seit Jahrhunderten als Heilpflanze bekannt. Er wirkt schlafördernd, appetitanregend, verdauungsfördernd, blutreinigend und entzündungshemmend. Die vermutlich wichtigste Wirkung ist jedoch die Beruhigung von Geist und Körper bei Angstzuständen, nervöser Unruhe und innerer Aufgewühltheit. Er trägt also entscheidend dazu bei, dass Bier, wie im oben genannten Roman „Brave New World“, eine Art realexistierendes Soma, eine Droge zur Ruhigstellung der Bevölkerung ist.

Und in der Tat scheint sie zu wirken: Während sich der bierselige Michel jahrzehntlang ohne Murren von politischen Akteuren jedweder Couleur hat enteignen lassen und sich eine Eigenheimquote von nur 50,5 Prozent und ein Rentenniveau von durchschnittlich 52,9 Prozent vom letzten Nettolohn bei einem Renteneintrittsalter von 67 Jahren gefallen lässt, genießen 75,1 Prozent der Italiener und 64,0 Prozent der Franzosen ihren Lebensabend im eigenen Heim, das sie allmorgendlich ab 62 Lebensjahren nicht mehr verlassen müssen, da sie 81,7 Prozent beziehungsweise 74,4 Prozent des letzten Nettolohns als Altersrente beziehen. Auch wenn es die Hauptstrompresse nicht berichtet, kann man erfahren, was passiert, wenn Politikdarsteller wie Emmanuel Macron versuchen, die Wertschöpfenden um zwei Jahre Ruhestand zu berauben: Das ganze Land läuft Sturm und brennt lichterloh. Es fällt mir schwer, dies zu schreiben, aber vielleicht sollten wir hopfenbesänftigte Teutonen das Biertrinken eine Zeit lang an den Nagel hängen und uns ein Beispiel an unseren rotweinaffinen westfränkischen und italischen Brüdern nehmen, bis wir die ganze Parasitenbande zum Teufel gejagt haben.

Malz als gespeicherte Sonnenenergie

zuerst erschienen in ef 233 (Juni 2023)

Über das unerlässliche Rüstzeug für den Bierbrauer

Während Hopfen die Seele des Bieres ist, wie wir im letzten Heft lasen, wird Malz als sein Körper bezeichnet. In der Tat: Wie kein anderer Rohstoff bestimmen Art und Menge des verwendeten Malzes das Aussehen und die Gehaltfülle des Bieres, was sich in Form von Restsüße und Alkoholgehalt niederschlägt. Aber auch im Spektrum der Aromatik liefert das Malz einen unabdingbaren Beitrag, sei es eigenständig oder im Zusammenspiel mit Wasser, Hefe und Hopfen.

Malz ist kein Manna. Es fällt nicht vom Himmel. Es wächst noch nicht einmal auf dem Feld. Dem von tüchtigen Bauern gesäten, gepflegten und schließlich geernteten Getreide – so es denn für das Bierbrauen geeignet ist und also beispielsweise einen hohen Stärke-, aber keinen zu hohen Eiweißgehalt aufweist – wird erst in der Mälzerei die Braufähigkeit verliehen. Früher war das eine schweißtreibende Arbeit, heute erfordert es viel Technik, Energie und Geduld. Heuer wie ehedem bedarf es jedoch der Erfahrung und des Könnens der Mälzer. Um verlässliche Produkte zu liefern, müssen sie kontinuierlich erntebedingte Qualitätsschwankungen erkennen und den Mälzvorgang daran anpassen. Getreide ist ein Naturprodukt, und so gleicht kein Korn dem anderen.

Grundsätzlich eignet sich jede Getreideart zum Vermälzen. Der Brauer verwendet jedoch überwiegend Gerstenmalz, ob als Voll- oder Teilschüttung. Zum einen bilden die sich beim Maischen ablösenden Deckblätter des Gerstenkorns, die sogenannten Spelzen, beim Läutervorgang in der Brauerei eine natürliche Filterschicht. Zum anderen weist Gerste mit Abstand die höchste Enzym-Aktivität auf. Enzyme sind die natürlichen Trumpfkarten des Brauers, die er während des Maischens ausspielt, um mit ihrer Hilfe die langkettigen Stärkemoleküle in kurzkettigere Zucker umwandeln zu können.

Die Enzyme werden bereits durch den Mälzvorgang aus ihrem Dornröschenschlaf geweckt. Der Ablauf ist folgendermaßen: Zunächst wird das Getreide gewaschen und etwa drei Tage in Wasser eingeweicht. In der sogenannten Weiche reichert sich das Korn auf bis zu 40 Prozent mit Wasser an, während die Temperatur auf konstante 15 Grad Celsius gehalten wird. Anschließend wird das Getreide im Keimkasten unter stetiger Bewegung kontrolliert zum Kleimem gebracht. Die unterschiedlichen Enzyme bilden sich dabei aus. Die wichtigsten sind die Proteinasen, die das im Korn befindliche und beim Brauen unerwünschte Eiweiß abbauen, und vor allem die Amylasen, die die Stärke in für die Gärung unabdingbare Zucker umzuwandeln vermögen. Dieser Keimvorgang dauert fünf bis sieben Tage. Kurz nachdem aus dem Korn ein sichtbarer Keimling sprießt, wird die Keimung gestoppt. Dies geschieht durch schonende Trocknung in der Darre. Je nachdem, wie hoch der Mälzer die Temperatur der Trocknung ausgewählt hat und wie lange diese verläuft, entscheidet sich, wie hell oder dunkel die Farbe und wie getreidig, röstaromatisch, biskuit- oder eher karamellartig das fertige Malz ausfallen wird. Durch das Darren mit Holzfeuer, wie es bis Ende des 19. Jahrhunderts jedem Malz widerfuhr, nimmt das Malz rauchige Aromen auf, die es später ans Bier abgibt. Die Bamberger Brauerei Schlenkerla darrt ihr Malz nach wie vor mit Buchenholz. Das fertige Bier dankt es mit einer markanten Note, die an geräucherten Speck erinnert.

Man unterscheidet zwischen Basis- und Spezialmalzen. Pilsener, Münchner, Wiener und Weizenmalz sind Basismalze, die der Brauer in großen Mengen wegen ihrer hohen Enzymtätigkeit und der ausgewogenen, moderaten Aromatik vor allem, aber nicht ausschließlich, in den Bierstilen ihrer namensgebenden Herkunftsstädte einsetzt. Auch Schwarzbiere, dunkle Bockbiere, tiefschwarze Porters und Stouts oder bernsteinfarbige Lager und Red Ales haben üblicherweise ihren Körper als auch ihren Alkoholgehalt überwiegend den weitestgehend hellen Basismalzen zu verdanken. Die Spezialmalze sind teuer und intensiv, liefern jedoch wenig Enzymtätigkeit. Sie werden wohldosiert eingesetzt, da schon kleine Mengen die Aromatik des Bieres massiv beeinflussen. Die Bandbreite ist groß. Karamellmalze haben einen höheren Anteil an unvergärbaren Zuckern und sorgen daher für mehr Vollmundigkeit. Sozialisten lieben womöglich Melanoidinmalz wegen seiner satten roten Farbe. Der Einsatz von Sauermalzen wiederum senkt den pH-Wert der Maische ab, sorgt so für eine bessere Extraktausbeute und erspart jenen Brauern, die sich mit grenzwertig-mittelharten Wassern abplagen, die Anschaffung einer kostspieligen Wasseraufbereitung. Röstmalze bringen dunkle Farbe und ausgeprägte Geschmacksnoten von Schokolade und Kaffee ins Bier.

Mit diesem aus der Mälzerei kommenden Rüstzeug sind die Variationsmöglichkeiten des Brauers, den Körper des Bieres, seine Farbe und Vollmundigkeit, seinen Alkoholgehalt und auch einen Großteil seiner Aromatik und des Geschmackes zu steuern, schier unbegrenzt. Aber er muss natürlich wissen, wie die unterschiedlichen Malze wirken, wie, wann und in welchen Mengen er sie einsetzt, um das angestrebte Resultat, ein absatzfähiges Bier, zu erhalten. Er muss die wesentlichen Parameter des Malzes kennen und verstehen, um sein Braurezept an erntebedingte Qualitätsschwankungen anpassen zu können.

Andersherum muss auch der Mälzer seinen einzigen Kunden, den Brauer, verstehen können. Nur dann kann er ihm am besten dienen und bleibt am Markt bestehen. Es verwundert daher nicht, dass der Lehrberuf in Deutschland „Brauer und Mälzer“ heißt, die Brauerlehrlinge mit den Auszubildenden aus der Mälzerei gemeinsam die Schulbank der Berufsschule drücken und während der Ausbildung wechselseitige Betriebspraktika stattfinden. Das schafft nicht nur gegenseitiges Verständnis, sondern oft persönliche Beziehungen und zuweilen lebenslange Freundschaften. In der global arbeitsteiligen Welt sind sich Rohstoffhersteller, veredelnde Weiterverarbeiter und Produzenten des Endproduktes normalerweise fremd, anonym, weitestgehend austauschbar und daher weniger verbindlich. In Krisenzeiten aber sind persönliche Beziehungen oft das beste Kapital.

Der britische Ökonom David Ricardo erkannte bereits 1817, dass berufliche Spezialisierung eines Menschen auch dann zu mehr Ertrag führt, wenn er in allen produktiven Eigenschaften einem anderen überlegen ist. Wenn jeder sich auf das konzentriert, was ihm am besten liegt, greift die Theorie des komparativen Kostenvorteils und es werden in geringerer Zeit mehr beziehungsweise bessere Güter produziert. Der Wohlstand aller Beteiligten vermehrt sich. Das ist der Grund, warum Brauer und Mälzer, obwohl sie ein und denselben Beruf erlernen, als ausgelernte Gesellen normalerweise nur in einer Sparte tätig sind.

Seien Sie, verehrte Leser, wenn Sie das nächste Mal ein Glas Gerstensaft Ihrer Wahl erheben, dankbar dafür, dass Sie von dieser Arbeitsteilung profitieren! Denn bestmögliches Malz ist zu bestmöglichem Bier verarbeitet worden.

Wasser als Hauptzutat

zuerst erschienen in ef 234 (Jul./Aug. 2023)

Vielfältig, unerschöpflich und marktgängig

Normale Biere bestehen zu über 90 Prozent aus Wasser. Ist es nicht verwunderlich, dass man über die mit großem Abstand Hauptzutat des Bieres wenig bis gar nichts vernimmt? Sicher, die Marketingabteilungen einiger Brauereien betonen ihr exquisites Felsquell-, Gletscherstrom- und Granitschichtwasser, aber in der Regel wird den anderen Hauptzutaten, Hopfen und Malz, sowie der Brautradition oder innovativen Verfahren in der Außenkommunikation deutlich mehr Augenmerk zugedacht.

Dabei ist das verwendete Wasser maßgeblich entscheidend für den Biertyp beziehungsweise Bierstil, mit dem sich der Konsument vergnügen darf.

Unsere Trinkwässer bestehen nicht nur aus chemisch reinem H2O, wie es aus den Auspuffrohren von Wasserstoffmotoren tropft. Je nach geologischer Beschaffenheit des Einzugsgebietes finden sich unterschiedliche Ionen, auch Härtebildner genannt, in variierenden Quantitäten. Die Wasserhärte wird in deutschen Landen in weich, mittel und hart unterteilt und gibt die Menge der verschiedenen im Wasser gelösten Salze von Kalzium bis Mangan an. Aber Wasserhärte ist nicht gleich Wasserhärte. Man unterscheidet sie wiederum in Karbonate (von Kohlensäure gebildete Salze) und Nicht-Karbonate (zum Beispiel Sulfate, Phosphate, Nitrate). Eine zu hohe Karbonathärte ist bei der Bierherstellung unerwünscht, weil sie für den Brauvorgang hilfreiche Säuren neutralisiert und den pH-Wert der Maische ansteigen lässt. Als Folge verringert sich die Enzymaktivität, und somit wird weniger Stärke in Zucker umgewandelt. Ein höherer pH-Wert verlangsamt zudem die Gärung und verlängert somit die Tankbelegungszeit. Die Hopfenausbeute erhöht sich zwar, jedoch steigt auch die Menge an unerwünschten Polyphenolen, sodass die Bittere als unangenehm hart und kratzig wahrgenommen wird. Die Nicht-Karbonathärte hingegen ist der Freund des Biersieders. Sie erhöht den pH-Wert nicht, sondern verringert sogar die Alkalität der Karbonathärte.

Heute kann ein jeder alle relevanten Parameter des Leitungswassers bei seinem örtlichen Wasserwerk abfragen, und auch die Brauereien haben eigene Analysewerkzeuge. Viele moderne Brauereien besitzen zudem Wasseraufbereitungen, mit deren Hilfe man dem verfügbaren Trink- oder Brunnenwasser Restalkalität entziehen und dasselbe auf den optimalen pH-Wert einstellen kann.

Bevor es diese technischen Errungenschaften gab, war der Brauer dem Wasser ausgeliefert. Um mit der vorhandenen Wasserqualität ein gut trinkbares Bier herstellen zu können, blieb ihm nur, die Rezepturen entsprechend anzupassen. So ist es nicht verwunderlich, dass die Vielfalt der Bierstile ein Abbild der unterschiedlichen Wässer ist. Das Münchener Wasser beispielsweise entstammt dem alpinen Einzugsgebiet. Es liegt mit 15 Grad deutscher Härte sogar knapp unter dem Durchschnitt von 16 Grad deutscher Härte. Da diese aber fast nur aus Karbonathärte besteht, hat es mit über 10,6 eine sehr hohe

Restalkalität. Der traditionelle Bierstil in München ist das Münchener Dunkel, das mit seiner malzigen Süße diese überproportional hohe Alkalität sensorisch neutralisiert und bei dem deshalb nur sehr wenig Hopfen eingesetzt wird.

Anders verhält es sich beim Dortmunder Export. Hier findet sich eine extrem hohe Gesamthärte von 41 Grad deutscher Härte. Die hohe Nicht-Karbonathärte sorgt jedoch dafür, dass die Restalkalität bei nur 5,7 liegt. Die auch hier ausgeprägte Malzaromatik überdeckt die Salzigkeit des Wassers. Hopfen wird wiederum reichlich eingesetzt, denn der größere Malzkörper braucht einen Sparringspartner.

Auch in Wien (Lager) und im englischen Burton-upon-Trent (Pale Ale) finden wir extreme, den jeweiligen Bierstil prägende beziehungsweise bedingende Wässer vor.

Dass in Pilsen ein Bierstil namens Pils entstand, ist nicht verwunderlich. Dass dieses Bier jedoch so beliebt ist, verdankt es ursprünglich seinem einzigartig weichen Wasser. Es ist mit einer Gesamthärte von 1,6 Grad deutscher Härte und einer Restalkalität von unter eins nahezu federleicht. Bei so einem Wasser kann der Brauer den Malzkörper verschlanken und gemäß der Braueregel „Weiche Wässer hopfen besser“ seine feinen Hopfentrümpfe ausspielen. Die Brunnen Böhmens sind die Quelle einzigartiger weicher und erfrischender Biere, die heute ob ihrer großen Beliebtheit weltweit kopiert und variiert werden.

Das meiste Brauwasser landet allerdings nicht im Produkt selbst. Ungefähr das Fünffache wird als Prozesswasser zum Reinigen der Brauanlage, von Tanks, Flaschen und Fässern et cetera verwendet. Dieser vermeintlich hohe „Wasserverbrauch“ ist eigentlich unverantwortlich und sollte jedem Biertrinker mit gut konditioniertem Schuldkomplex übel aufstoßen. Denn glaubt man der Bundeszentrale für politische Bildung und einschlägigen regierungsfinanzierten „NGOs“, leiden viele ärmere Länder unter Wassermangel, weil es in der sogenannten ersten Welt in Unmengen vergeudet wird und unwiederbringlich verloren geht. Betrachtet man die Angelegenheit genauer, entpuppen sich Slogans wie „Trinkwasser ist Menschenrecht“ als nichts anderes als die Forderung nach Wiedereinführung der Sklaverei. Trinkwasser ist das Produkt von Menschen. Es muss definiert, gefunden, erschlossen, gepumpt, geklärt, gelagert, geleitet oder abgefüllt und stetig auf Reinheit kontrolliert, kurz: erarbeitet werden. Nur schmarotzende Parasiten können von ihren Mitmenschen ernsthaft erwarten, dass sie diese Leistungen unentgeltlich erbringen, da sie ja ein Recht darauf hätten.

Obwohl Trinkwasser ein menschliches Produkt und ein knappes Gut ist, haben wir dennoch auf dieser Erde keine Wasserknappheit, wie uns die Apologeten des menschengemachten Klimaschwindels – die uns gleichzeitig seit Dekaden einen nie gesehenen Meeresspiegelanstieg prophezeien – weismachen wollen. Dass wir gerade in Bezug auf Wasser seit Jahrhunderten eine Kreislaufwirtschaft geschaffen haben und die Natur selbst die beste und größte Kläranlage der Welt ist, die Menschheit von einer – bedingt durch von freien Marktkräften erwirkten Wohlstand – unglaublichen Qualitätsverbesserung profitiert hat und diese für den Rückgang der meisten Krankheiten verantwortlich ist, darf das panikgelähmte, schuldkomplexe Rückenmark des Michels nicht durchdringen. Bereits im Mittelalter reinigte sich ein Fluss offenbar binnen eines Tages, glaubt man der urkundlich nicht belegten, jedoch weitverbreiteten Bekanntmachung: „Am Mittwoch wird Bier gebraut, daher ist es verboten, ab Dienstag in den Bach zu scheißen. Der Bürgermeister!“

Als ich ein Kind war, durften wir nicht in der nahen Elbe baden. Der Strom führte all die ungeklärten Abfallstoffe und unerwünschten Gifte der verantwortungslosen real existierenden sozialistischen Planwirtschaft namens DDR mit sich. Zuweilen glitzerten leblose Fische mit kunstvollen Blumenkohlgeschwüren auf der silbernen Gischt. Zwischen Brunsbüttel und Cuxhaven übergab die Elbe ihre aus Pirna, Dresden, Wittenberg und Magdeburg kumulierte toxische Fracht des Arbeiter- und Bauernstaates in den jauchzend frohen Schoß der Nordsee. Wenige Jahre nach dem Fall der Mauer hatte die Elbe wieder Badequalität.

Heute fahre ich im Sommer oft zum Planschen mit den Kindern an den Elbstrand. Hole genüsslich nach, was mir skrupellose Genossen in Kindheitstagen verwehrten. Das Wasser ist (noch) klar, rein und gut. Wenn sauberes Wasser ein Menschenrecht sein soll, ist die Bekämpfung des Sozialismus – in all seinen linkischen Facetten – oberste Menschenpflicht.

Een Brand för twee för foftein Penn

zuerst erschienen in ef 235 (September 2023)

Eine facettenreiche Wirtschaftsgeschichte

Nach langer Zeit besuchte ich kürzlich meinen ältesten Cousin. Er berichtete mir, dass er unlängst eine humoristische, doch wahre Begebenheit aus der Familienhistorie niedergeschrieben und bei einem plattdeutschen Literaturwettbewerb des norddeutschen Zwangsfunks eingereicht hatte. Bedauerlicherweise gewann er damit jedoch keinen öffentlich-rechtlich erpressten Geldpreis, vermutlich weil sich die Handlung um ein Besäufnis dreht. Bei mir als Familienmensch, Niederdeutscher, alkoholaffiner Geschichtenerzähler rannte er damit jedoch offene Ohren und bildliche Kneipentüren ein. Und weil gerade dieser Döntjes, wie solche kurzen, pointierten Anekdoten im Plattdeutschen genannt werden, mich unbewusst veranlasste, ihn unter ökonomischen und freiheitlichen Gesichtspunkten zu interpretieren, möchte ich Sie, werter Leser, an dieser Stelle teilhaben lassen.

Die Geschichte ereignete sich Ende des 19. Jahrhunderts in Wewelsfleth, einem kleinen Ort in der Wilstermarsch, nahe des kürzlich stillgelegten AKW Brokdorf. Das Elbschwemmland ist naturgemäß sehr fruchtbar. Die hier ansässigen Bauern produzierten seit jeher Agrarüberschüsse, die exportiert werden konnten. Das holsteinische Dorf Wewelsfleth liegt verschlafen unweit der Mündung des Elbezuflusses Stör, die sich fast mittig zwischen der

Hansestadt Hamburg und der Elbmündung in die deutsche Bucht befindet. Die internationale Handelsroute Elbe, der Weg zur weiten, weiten Welt, ist hier nur wenige Meilen entfernt.

Den Überschuss an Getreide, Rüben und so weiter sowie die verkehrsgünstige Lage verleiteten einige findige Bäcker in diesem Ort, eine besondere Backware herzustellen: den Wewelflether Störkringel. Neben Mehl besteht er aus Rübensirup, Salz und Anis. Diese Kringel werden mit Hefe angesetzt, länglich gerollt, in Form kleiner Brezeln geworfen und in Fett gesotten. Wie Schiffszwieback ist dieses Gebäck mehrere Jahre haltbar und diente den Mannschaften der segelnden Frachtschiffe als perfekter Energielieferant. Für die Hersteller war das ein lukratives Geschäft, könnte man meinen. Dennoch hatten die Störkringelbäcker oft noch ein zweites Standbein: Wenn es dunkel wurde, traten sie die Metamorphose vom Bäcker zum Gastwirt an und ihre Verkaufsläden verwandelte sich abends in Kneipen.

Väterlicherseits stammt mein Vetter von diesen Störkringelbäckerwirten ab und sein Urgroßvater, Kröger Mahn, hat die folgende Geschichte erlebt.

Vermutlich mit dem Duft der Störkringel selbst zunächst in die weite Ferne gelockt, verbrachte er einige Jahre segelnd auf großer Fahrt, bis er schließlich zur großen Erleichterung der Eltern den Weg zurück in die Heimat fand. Als gestandener Kaphoornier kam er heim, fand seine Liebste und übernahm schließlich den elterlichen Back- und Schankbetrieb. Zu seinem Verdruss erwies sich jedoch die Angetraute mit der Zeit als sehr achtsam, was

Gewusst wie: Fertigung von Störkringeln 1925

Alkoholkonsum und Geldmittelzuteilung betraf. Getrunken werden durfte nur, wenn befreundeter Besuch kam, der jedoch zumindest seine Zeche selbst bezahlen musste. Offenbar war dies zur damaligen Zeit gängige feministische Finanzpolitik, denn sein bester Freund, Kröger Wiebensohn, der direkt gegenüber auch so eine kringelbackende Kneipe betrieb, hatte von seiner Frau die gleichen strikten Gebote auferlegt bekommen.

Aber wie es sich eben mit unmenschlichen Regeln verhält: Der Mensch findet immer eine Lösung, menschlich damit umzugehen. In dieser Art kamen die beiden eines Abends zusammen. Fröhlich überquerte Kröger Mahn mit seinem ihm zugeteilten Taschengeld von Foftein Penn (15 Pfennig) die Straße. Damit sollte wenigstens ein Lütt un Lütt (kleines Bier und kleiner Kööm/Kümmelschnaps) beim Freund und Mitbewerber Wiebensohn zu erstehen und also der erste Feierabenddurst zu stillen sein. Kröger Wiebensohn durfte nun kostenneutral mittrinken, denn Kröger Mahn war ja sein Freund. So saßen sie also beisammen, missmutig wissend, dass dies zwar das erste, aber vermutlich auch das letzte Gedeck für diesen Abend sei. Doch der Sprit tat seine Pflicht und die Geister erweckten die Phantasie. Als die Gläser leer waren, stand Mahn auf und sagte zu Wiebensohn: „So, denn lass uns mal rübergehen. Du hast ja grad foftein Penn eingenommen, die kannst du ja nun bei mir vertrinken.“ Und du darfst dann kostenfrei mittrinken, lachte es stumm in Wiebensohns Hinterkopf und ließ den Vorderkopf grinsen. So ging es dann den ganzen Abend hin und her über die Dorfstraße, bis die beiden Krögersleut einen vernünftigen Rausch erreicht hatten und sich, von allen Sorgen befreit, zu den ausgetricksten Ehefrauen legten.

Seit ich diese Anekdote zu Gehör bekommen habe, drängen sich mir Parallelen zur Praxeologie und Österreichischen Schule auf. Der Mensch handelt. Sein Antrieb ist es, den jetzigen Zustand zu verbessern oder eine drohende Verschlimmerung abzuwenden. Dazu benutzt er nicht nur seine natürlichen Werkzeuge, die Hände, sondern vor allem seinen Verstand. Er macht ihn erfindungsreich. Und wenn es hilft, die angestrebten Ziele zu erreichen, ist er kooperativ.

Wer könnte es den beiden befreundeten Wirten verdenken, eine gute Zeit zu haben? Offensichtlich waren es die beiden Ehefrauen, die ihnen aus welchen Gründen auch immer nicht allzu viel Rausch gönnten. Wie fast alle Regierungen sprechen sie sich ab und synchronisieren ihre Restriktionen, um das Abstimmen mit den Füßen zu erschweren. In diesem Falle ermutigten die Regularien jedoch dazu, die Füße häufig zu benutzen. Die beiden Freunde kooperierten zum gegenseitigen Vorteil und gelangten so an ihr jeweiliges Ziel, einen subjektiv besseren Zustand als zuvor zu erreichen. Das Handeln endet mit dem Erreichen des Ziels. In diesem Fall ist zu vermuten, dass für die folgenden Stunden (abgesehen vom Bett) auch keine neuen Ziele anvisiert und somit an jenem Tag keine bewussten Handlungen mehr aufgenommen wurden.

Das ist erklärbar durch das Gesetz des abnehmenden Grenznutzens. Für den normalen Alkoholkonsumenten hat jedwedes weitere Getränk spätestens mit dem Erreichen des Vollrausches nur noch einen negativen Nutzen. Es wandelt sich von einem Gut in ein Übel und dient somit als unwiderlegbarer Beweis für die Richtigkeit der subjektiven Werttheorie.

Dass die beiden Freunde und mit ihnen überproportional viele andere in Wewelsfleth den gleichen Berufen nachgingen, ist hingegen ein Phänomen der Arbeitsteilung. Da Menschen so ihre Ziele schneller erreichen können, spezialisieren sie sich. Zwangsläufig konzentrieren sich Gewerke an den Orten, wo es sinnvoll ist. Im spanische Toledo, im italienischen Maniago, im indischen Dehradun ebenso wie im deutschen Solingen wimmelt es beispielsweise von Klingenschmieden und Messerherstellern.

In den beiden Mikrovolkswirtschaften der Gastwirtschaften lassen sich noch weitere Phänomene beobachten. Die Umlaufgeschwindigkeit ist verhältnismäßig hoch. Die Sparquote ist null, was dauerhaft zu Verelendung führen muss. Da die Gütermenge allmählich sinkt, muss langfristig eine Preissteigerung eintreten. In der betrachteten

Zeitspanne sollte das jedoch nicht ins Gewicht fallen. Die Geldmenge hingegen bleibt konstant. Die von der Zentralbank, geführt von Frau Mahn, zugeteilten 15 Pfennige müssen reichen. Vielleicht war sie bereits schon eine Anhängerin der Österreichischen Schule, denn Austrians wissen, dass jedwede Geldmenge für das Funktionieren einer Volkswirtschaft ausreichend ist. Im hier und jetzt hingegen weiten vorbestrafte Zentralbänksterinnen die Geldmenge permanent aus, um sich, die neofeudalistische Finanzelite und ihre Entourage mittels des Cantillon-Effekts fortlaufend auf Kosten der kleinen Leute zu bereichern. Zwangsläufig erfolgt eine Verarmung der Massen und der Weg in die Schuldknechtschaft.

Die Geschichte der beiden backenden Wirtsleute transportiert eine leise Hoffnung. Wie tief auch immer wir in eine totalregulierte, totalkontrollierte, totaltotalitaristische Welt abgleiten mögen, immer werden Menschen Lösungen entwickeln, um herrschaftliche Restriktionen zu umgehen und auszuhöhlen, denn es liegt in ihrem Naturell, ihren Zustand fortwährend zu verbessern. Ein gelegentlich in guter Gesellschaft genossenes Lütt un Lütt kann dabei nicht nur helfen, die Ideenfindung zu beschleunigen. Im übertragenden Sinne vermag man sich damit auch vorübergehend die Zentralbank schönzutrinken.

Die Hefe

zuerst erschienen in ef 236 (Oktober 2023)

Das unbekannte, unreine, reine Wesen

Quantitativ ist Wasser die wichtigste Zutat des Bieres. Bei der subjektiven Gewichtung gehen Gemüter getrennte Wege: Dem einen ist der Hopfen liebste Ingredienz. Er favorisiert bitterherb und hopfenaromatisch. Der nächste schwärmt eher für das Malz und seine facettenreiche Geschmacksvielfalt: süß, brotig, röstaromatisch, rauchig, schokoladig. Ein anderer favorisiert Wasser und greift deshalb zum Bud Light. Diese Spezies wird glücklicherweise immer seltener. Aus Gründen.

Die allerwichtigste, jedoch quantitativ geringste Zutat ist die Hefe. Dabei dürfte sie eigentlich gar nicht im Bier sein, denn im bayrischen Reinheitsgebot von 1516 bleibt sie unerwähnt. Man wusste vor 500 Jahren noch nicht, dass die Hefe ein Pilz ist, der zur Herstellung von Pils und überhaupt allen vergorenen Getränken unerlässlich ist. (Vielleicht war es damals auch nicht wichtig, denn Pils gab es noch gar nicht.) Diese kleinen einzelligen Lebewesen waren gänzlich unbekannt. Allerdings wussten die Brauer bereits, dass es für die Vergärung des nächsten Sudes von Vorteil ist, wenn sie ihm einen Teil des Bodensatzes aus dem vorherigen, den sie einfach nur „Zeugs" nannten, hinzugaben. Hefepilze existieren fast überall auf der Welt. Sie vermehren sich auf natürliche Weise, bilden Sporen und können somit fast jeden Punkt erreichen.

Normalerweise gibt der Brauer eine für den Bierstil geeignete und selektierte, reingezüchtete Bierhefe nach dem Kochen und Abkühlen der Bierwürze hinzu. Man spricht hier vom Anstellen. Der Gärvorgang startet. Die Vermählung der jungfräulichen, zuckersüßen Bierwürze mit der hungrigen Hefe muss jedoch nicht unbedingt vom Menschen erfolgen. Sie kann ganz natürlich durch in der Natur vorkommende wilde Hefen geschehen. Einige Biere werden ganz bewusst auf diese Art vergoren. Man spricht von Spontanvergärung. Etliche belgische Sauerbiere werden so hergestellt, wobei die natürliche Infektion innerhalb der Brauerei erfolgt, in der zuweilen seit Jahrhunderten die gleichen, oft einzigartigen Hefestämme in der Brauereiflora weiterexistieren. Ein übereifriges Reinigen der Brauerei kann hier existenzbedrohend sein, wenn dadurch der Hefestamm ausgelöscht wird.

Im Gegensatz zum Menschen leben Hefen noch in Stämmen und man unterteilt sie sogar in Rassen. Diese Rassen sind reingezüchtet und werden in Hefebanken strikt getrennt gelagert. Hier kann der moderne Brauer Hunderte verschiedener Hefestämme bestellen. Für jeden Bierstil sind oft verschiedene Hefen geeignet. Grundsätzlich unterscheidet man jedoch zunächst zwischen ober- und untergäriger Hefe. Untergärige Hefen vergären kühler. Sie sind weitestgehend geschmacksneutral und überlassen Malz und Hopfen die Geschmacksbühne. Die Hauptgärung verläuft hier normalerweise zwischen sechs und zehn Tagen bei fünf bis zehn Grad Celsius. Auch die sich nach der Hauptgärung anschließende Lager- und Reifezeit ist länger, denn die unerwünschten Gärnebenprodukte bauen sich langsamer ab. Das spiegelt sich auch in dem internationalen, freilich dem Deutschen entlehnten Terminus für untergärige Biere wider: Lager. Obergärige Hefen arbeiten optimalerweise im Temperaturbereich zwischen 15 und 20 Grad Celsius. Die Gärung verläuft hier deutlich heftiger und schneller. Im Gegensatz zur untergärigen Hefe bildet sie größere Zellverbände, die von den Gärungsgasen während der Hauptgärung an die Oberfläche getragen werden und dort einen blasenreichen Teppich bilden. Obergärige Hefen können deutliche Geschmackseinflüsse auf das Bier nehmen. Ihre fruchtigen Ester unterstützen beispielsweise die Fruchtigkeit von Pale Ales. Das Hefeweizen besagt schon namentlich, dass die Hefe hier eine große Rolle spielt. Und in der Tat, es sind die speziellen Weißbierhefen, die dem Weizen den typischen Geschmack von Nelken und Banane zu verdanken haben. Auch animalische oder tabakartige Geschmacksnoten vermag nur die Hefe ins Bier zu bringen.

Hefen können sowohl aerob, als auch anaerob arbeiten. Normalerweise startet die Gärung aerob. Der Brauer belüftet die Würze unmittelbar nach dem Anstellen und trägt somit Sauerstoff in das Bier ein. Nach rund zwei Tagen ist jeglicher Sauerstoff aufgebraucht und die Hefe wechselt in die anaerobe Verstoffwechselung von Zucker in Alkohol und CO2. Am Ende der Hauptgärung setzt sich die Hefe am Tankboden ab und wird abgelassen. Einen Teil davon erntet der Brauer und diese wird, wie schon in frühen Zeiten, für die nächsten Sude wiederverwendet. Größere Brauereien haben eigene Labore, die die Vitalität und Reinheit der Hefen stetig überprüfen und ihre brauereieigenen Stämme in ausreichenden Mengen heranzüchten.

Bierhefen sind mittlerweile gut erforscht und auch neue Hefen werden gezüchtet. Beispielsweise haben speziell gezüchtete Hefestämme, die keinen beziehungsweise nur sehr wenig Alkohol produzieren, die Welt der alkoholfreien Biere revolutioniert. Die Hefe ist Freund und Feind des Brauers zugleich. Abgesehen von der permanenten Gefahr einer Fremdinfektion bei unsauberem Arbeiten kann sie jedoch auch launisch und gestresst sein. Die Hefezellen sind die produktivsten Lebewesen im Bierherstellungsprozess. Während der Brauer nach acht Stunden das Braupaddel fallen lässt und sich in seinen wohlverdienten Feierabend begibt, rackern die kleinen Pilzchen bis zur Erschöpfung weiter, anaerob, atemlos durch die Nacht. Aber falls irgendetwas vielleicht nicht ganz stimmig ist, die Temperatur nicht im Optimum, zu viel Zucker zu wenigen Hefezellen gegenübersteht, hinderliche Eiweiße den Weg kreuzen oder gar alle Unbill zusammenfällt, macht die Hefe auf John Galt und streikt. Dann bewahrheitet sich ein Spruch aus den Tagen, als man Hefe noch Zeugs nannte: „Bierbrauen und Brotbacken gelingen nicht immer.“

Danksagung

An dieser Stelle gilt es den Menschen zu danken, ohne die es mir nicht möglich gewesen wäre, die Kolumnenreihe und dieses Buch zu schreiben. Sie haben mich auf vielfältige Art und Weise unterstützt, bestärkt und inspiriert. Dank gilt vor allem meiner lieben Frau, die mir beim Schreiben meiner Aufsätze stets den Rücken freihielt.

Danken möchte ich auch André Lichtschlag für 25 Jahre *eigentümlich frei* und für die nahezu unbegrenzte schriftstellerische Freiheit, die er mir in den vier Jahren gewährte. Einer der größten Bierfreunde auf Erden, Martin Moczarski, hat uns zusammengeführt. Danke.

Carmen Sponholz und Torben Kuhrt gebührt Dank für die professionelle Ausführung meiner fotografischen Aufträge, mit denen ich sie allmonatlich überfalle. Gedankt sei auch allen, die mich mit dem Bierbrauen vermählten, namentlich Jörg Stotz sowie Jens Engelbrecht, und jenen, die mir das schönste Getränk der Welt erst wirklich sichtbar gemacht haben, insbesondere Wolfgang Stempfl, Michael Zepf, Horst Dornbusch und Jens Luckart.

Weiterführende Literatur zu den Themen Freiheit und Bier:

Aquin, Thomas von/Blankertz, Stefan (Hrsg.) (2022): Jede Macht ist illegal. Norderstedt

Blankertz, Stefan (2022): Einladung zur Freiheit. 2. Auflage. Norderstedt

Dornbusch, Horst (2016): Die Biersorten der BRAU-WELT. Ihre Geschichten & Rezepturen. Nürnberg

Dornbusch, Horst (2017): Das große BRAUWELT Lexikon der Biersorten. Nürnberg

Fohr, Markus/Stempfl, Wolfgang/Kiesbye, Axel (2018): Die neue Bierkultur 4.0. Begeisterung, Leidenschaft, Faszination. Nürnberg

Hampson, Tim (Hrsg.) (2008): The beer book. Breweries, tasting notes, tours. Your drinking companion to over 1,700 beers. London

Hoppe, Hans-Hermann (2012). Der Wettbewerb der Gauner. Über das Unwesen der Demokratie und den Ausweg in die Privatrechtsgesellschaft. Berlin

Jackson, Michael (2000): Great Beer Guide. 500 classic brews. London

Mudlack, Benjamin (2021): Geldzeitenwende. Grevenbroich

Stirner, Max (2020): Der Einzige und sein Eigentum. Vollständige Neuausgabe. Göttingen

Taghizadegan, Rahim (2016): Alles, was Sie über die Österreichische Schule der Nationalökonomie wissen müssen: Eine Einführung in die Austrian Economics. München

Über den Autor

Helge Pahl, Jahrgang 1973, wuchs zusammen mit seinen vier Geschwistern in der holsteinischen Elbmarsch auf. Verleitet durch Heinz Rühmann, beschäftigte er sich bereits als Teenager mit der alkoholischen Gärung. Der trinkende Schriftsteller Charles Bukowski hingegen inspirierte ihn zu ersten Ausflügen in die eigene Schreibwerkstatt. Er erlernte den Beruf des Kunstschmiedes und sein anschließendes sprachwissenschaftliches Studium trieb ihn ohne Abschluss in die Selbstständigkeit. Seit über 25 Jahren ist er, zusammen mit seinen Brüdern, erfolgreich im Handeln mit Ritterrüstungen, Blankwaffen, Messern und allerlei mittelalterlichem Gedöns. 2005 begann er, zunächst nur für den Hausgebrauch, mit der Produktion von Bier. Dieses Hobby endete jäh 2016, als er mit zwei Weggefährten die Wacken Brauerei gründete. Im durstigsten Dorf der Welt schmiedet das Team nun handgemachte freisinnige und eigentümliche Bierkreationen. Pahls Bier-Entdeckungsreise setzte er mit einer Ausbildung zum Diplom-Biersommelier fort. Seit 2019 schreibt er monatlich seine bierige Kolumne „Freibier“ für die libertäre Zeitschrift *eigentümlich frei.* Im Jahr 2020 gewann er mit seiner phantastischen Helgoländer Kurzgeschichte „Leever doad üs Slaav“ den libertären Literaturpreis. Helge Pahl lebt rührig, zusammen mit seiner Frau und drei Kindern, auf einem ruhigen, urigen Resthof in Schleswig-Holstein.

MONDAY
TUESDAY
WEDNESDAY
THURSDAY